法藏知津

九 編

杜潔祥 主編

第 48 冊

《五燈拔萃》整理與研究（上）

王閏吉 著

花木蘭文化事業有限公司

國家圖書館出版品預行編目資料

《五燈拔萃》整理與研究（上）／王閏吉 著 -- 初版 -- 新北市：
花木蘭文化事業有限公司，2023〔民 112〕
目 34+158 面；19×26 公分
（法藏知津九編 第 48 冊）
ISBN 978-626-344-128-6（精裝）
1.CST：五燈會元 2.CST：注釋
011.08   111010334

ISBN-978-626-344-128-6

9 786263 441286

法藏知津九編
第四八冊   ISBN：978-626-344-128-6

《五燈拔萃》整理與研究（上）

作   者 王閏吉
主   編 杜潔祥
副總編輯 楊嘉樂
編輯主任 許郁翎
編   輯 張雅淋、潘玟靜 美術編輯 陳逸婷
出   版 花木蘭文化事業有限公司
發 行 人 高小娟
聯絡地址 235 新北市中和區中安街七二號十三樓
          電話：02-2923-1455／傳真：02-2923-1452
網   址 http://www.huamulan.tw 信箱 service@huamulans.com
印   刷 普羅文化出版廣告事業
初   版 2023 年 9 月
定   價 九編 52 冊（精裝）新台幣 120,000 元

《五燈拔萃》整理與研究(上)

王閏吉　著

作者簡介

王閏吉，博士，研究生導師。浙江省優秀教師暨高校優秀教師、浙江省社科聯入庫專家、浙江省語言學會理事，麗水學院學術委員會委員、優秀學術帶頭人。在學術期刊發表論文 100 多篇，其中權威期刊《中國語文》4 篇，CSSCI 核心期刊 30 餘篇，出版學術專著、主編和副主編詞典 10 多部，合作編纂《處州文獻集成》《浙江通志‧民族卷》以及浙江省十八鄉鎮民族志 300 餘冊。主持國家社科基金項目 2 項、教育部人文社科基金項目 1 項以及其他各類項目 40 餘項。兩次獲浙江省哲學社會科學優秀成果獎，10 餘次獲麗水市優秀社會科學成果獎。

提　　要

　　《五燈拔萃》是《五燈會元》的注釋書，凡八卷，第一卷七佛、西天二十八祖、東土六祖、付法偈，第二卷四祖下至八世、五祖下至四世、六祖下至五世、附應化賢聖，第三卷六祖下、百丈海下、青原石頭二章、馬祖下、藥山章並藥山下，第四卷藥山下、石頭下、初於丹然霞、宋三帝問答並未詳法，第五卷第八卷臨濟宗從七佛敘起，次及西天二十七祖、東土六祖，再按禪宗五家七宗的派別分別敘述，卷下都以祖師名為小目。作者不詳，版本僅存據傳是室町時期手寫本。整理本以此為底本，繁體橫排過錄，以新式標點點校。全書 20 多萬字，主要由兩部分文字構成：一是所抄《五燈會元》原文部分，整理時用宋體過錄；二是釋義文字，整理時用楷體字過錄。書中對《五燈會元》中難解俗語、俗諺語加以頗為詳細地注釋，大量引用了久已失傳的入日宋僧一山一寧、大休正念和入宋日僧約翁德儉等人的解釋，資料價值十分珍貴，語言詞彙學價值特別突出，對近代漢語辭彙研究乃至漢語史研究都大有裨益。但由於底本為漢字草書寫就，又時代久遠，字跡漫漶之處頗多，閱讀極不方便，所以我們很有必要做點校注釋等整理工作，並加以簡單地研究。整理工作，盡量保持全書原貌，通假字、古今字、俗體字盡量按原字型過錄，只在首見處出校說明；研究工作，主要涉及《五燈會元》《五燈拔萃》概況，《五燈拔萃》對方俗語詞的釋義狀況以及《五燈會元》部分疑難俗語詞的考釋。

本書為國家社科基金項目「中國歷代禪錄日本訓釋材料數字化整理與研究」（21BYY030）階段性成果之一

目次

中　冊

整　理　篇

凡　例

　　一、《五燈拔萃》，作者不詳，版本僅存室町時期的手寫本。整理本以手寫本為底本，繁體橫排過錄，以新式標點點校。考慮到引號過多，引號裏面又有小引號，小引號裏面還有引號的現象頗多，再加上全書引用文字顯豁分明，僅用「云」「曰」二字提示引用的就有七千多處，故點校時省略了引號。但出注時仍正常使用引號。

　　二、《五燈拔萃》是《五燈會元》的注釋書，主要是對《五燈會元》中難解俗語、俗諺語加以注釋，所以《五燈拔萃》主要由兩部分文字構成。一是所抄《五燈會元》原文部分，整理時用宋體過錄；二是釋義文字，整理時用楷體字過錄。原文抄錄明顯的漏字，整理本加小括號予以補上。小部分地方省略了《五燈會元》原文部分，整理都據宋寶祐本予以補上。

　　三、《五燈拔萃》，共八卷。卷一包括《五燈會元》第一卷內容，卷二包括《五燈會元》第二至三卷內容，卷三包括《五燈會元》第四至第六卷小部分內容，卷四包括《五燈會元》第六卷大部分內容，卷五包括《五燈會元》第七卷至第十卷內容，卷六包括《五燈會元》第十一卷至第十六卷部分內容，卷七包括《五燈會元》第十六卷部分至第十八卷內容，卷五包括《五燈會元》第十九卷至第二十卷內容。《五燈會元》每卷下先是法嗣，再是傳主。很少部分地方法嗣前還寫有「臨濟宗」或「馬祖下」之類。全書僅在部分地方抄錄有《五燈會元》卷目、以及標示法嗣，有些地方甚至連傳主名都漏掉。為了便於閱讀和查找，整理本都據寶祐本補充了《五燈會元》卷目、法嗣和傳主。

　　四、《五燈拔萃》為漢字草書寫就，又時代久遠，字跡漫漶之處頗多。整理本對底本部分漫漶不清的地方，利用《五燈會元》各版本，加以研判，並都

出校說明；不能判明的，再參照儒、佛、道與諸子百家各種典籍加以考校，並出校說明。底本確實有錯訛或脫衍的，予以校改刪補，並出校說明。但為節省篇幅，皆僅註明字跡漫糊不清或潦草難辨，不詳細說明證明過程。部分地方，感覺還有存在疑問，標明「疑是」。

　　五、通假字、古今字、俗體字按原字型過錄并在首見處出校說明。部分特殊的異體字，徑改為正體，並在首見處出校說明。一般典籍常用者及頻繁使用者，不煩一一出校。原書的重複號也照錄不改，但圈點符號以及標題符號皆不過錄。

王閏吉

2022 年 3 月 8 日

於麗水學院民族學院

《五燈拔萃》卷一

七佛
西天二十八祖
東土六祖
付法偈

題記〔註1〕

　　世尊拈華，如蟲〔註2〕禦木；迦葉微笑，偶爾成文。累他後代兒孫，一々〔註3〕聯芳續焰。大居士就文挑剔，亙千古光明燦爛。

淳祐壬子冬住山普濟書於直指堂

　　禦：音語，蝕也。（《事苑》第二）〔註4〕

　　淳祐：宋理宗年號〔註5〕。直指堂在靈〔註6〕隱。大川普濟嗣琰浙翁，々々〔註7〕嗣光拙庵，々々嗣大慧。

　　《傳燈》：宋真宗景德年中宣慈道原禪師之所作也。

　　《廣燈〔註8〕》：仁宗天聖年中李駙馬之所撰也。

　　《續燈》：徽宗建中靖國年中佛國惟白禪師之所撰也。惟白者，圓通秀之子，天衣懷之孫，雪豆顯之第四世也。

　　《聯燈》：孝宋淳熙年中晦翁悟明禪師之所撰也。悟明者，木庵永之子，懶庵需之孫，大慧果之第四世也。

　　《普燈》：寧宗嘉泰年中雷庵禪師之所撰也。

　　自景德元年至天聖元年三十年也，自天聖元年至建中靖國元年七十年也，自建中靖國元年至淳熙元年，七十四年也，淳熙至嘉泰二十八年也。

前序

　　寶〔註9〕祐改元清明日通庵王櫹謹序。

　　寶祐，宋理宗年號也。

　　序之終。

　　至如尋常摘韻，徒增口鼓，打纏葛藤，料掉了無交涉〔註10〕。云々。

〔註1〕題記：原文無此二字，據內容補。
〔註2〕蟲：原文寫作「虫」，徑改作此。下不另出注。
〔註3〕々：重複號，即「一」。保持原貌不改，下同，不一一出注。
〔註4〕本條原補在「世尊拈華」行的左邊。
〔註5〕號：原文寫作「号」，徑改作此。下不另出注。
〔註6〕靈：同「靈」。
〔註7〕々々：二字重複號，即「浙翁」。保持原貌不改，下同，不一一出注。
〔註8〕燈：原文寫作「灯」，徑改作此。下不另出注。
〔註9〕寶：原文作「宝」，徑改作此。下不另出注。
〔註10〕涉：同「涉」。

口鼓：閑言語。打口鼓也。乃打纏葛藤也。

料掉：隔遠也。

《五燈會元》卷第一

七佛

毘婆尸佛

偈云：身從無相中受生，猶如幻出諸形象。幻人心識本來無，罪福皆空無所住。《長阿含經》云：人壽八萬歲時，此佛出世。種剎利，姓拘利若。父槃頭，母槃頭婆提。居般頭婆提城。坐波波羅樹下，說法三會，度人三十四萬八千。神足二：一名騫茶，二名提舍。侍者無憂子方膺。

> 神足：《大論》〔註11〕：佛曰：舍〔註12〕利弗目健連是二人者，是我弟子中智慧、神足第一。誌〔註13〕云：妙用難測，故名為神，能為彼依，故名為足。
>
> 波波羅樹：此云重生華。

尸棄佛

偈曰：起諸善法本是幻，造諸惡業亦是幻。身如聚沫心如風，幻出無根無實性。《長阿含經》云：人壽七萬歲時，此佛出世。種剎利，姓拘利若。父明相，母光耀。居光相城。坐分陀利樹下，說法三會，度人二十五萬。神足二：一名阿毘浮，二名婆婆。侍者忍行子無量。

> 分陀利樹：此云白蓮華。

毘舍浮佛

偈曰：假借四大以為身，心本無生因境有。前境若無心亦無，罪福如幻起亦滅。《長阿含經》云：人壽六萬歲時，此佛出世。種剎利，姓拘利若。父善燈，母稱戒。居無喻城。坐婆羅樹下，說法二會，度人一十三萬。神足二：一扶遊，二鬱多摩。侍者寂滅子妙覺。

〔註11〕大論：龍樹菩薩造、後秦龜茲國三藏鳩摩羅什奉詔譯《大智度論》。

〔註12〕舍：同「舍」。

〔註13〕誌：《金光明經照解》卷二：「《法蘊足論》云：『妙用難測，故名神，能為彼依，故名足。』」

毘舍：此云一切自在。

婆羅樹：此云堅固，冬夏不故故，佛名經作婆羅。

拘留孫佛

偈曰：見身無實是佛身，了心如幻是佛幻。了得身心本性空，斯人與佛何殊別。《長阿含經》云：人壽四萬歲時，此佛出世。種婆羅門，姓迦葉。父禮得，母善枝。居安和城。坐尸利沙樹下，說法一會。度人四萬。神足二：一薩尼，二毘樓。侍者善覺子上勝。

拘留孫佛：此云應已斷，又云能所絕，又曰所應斷，又曰作用。

尸利沙樹：又云：舍離沙，此云合歡樹。

拘那含牟尼佛

偈曰：佛不見身知是佛，若實有知別無佛。智者能知罪性空，坦然不怖於生死。《長阿含經》云：人壽三萬歲時，此佛出世。種婆羅門，姓迦葉。父大德，母善勝。居清淨城。坐烏暫婆羅門樹下，說法一會，度人三萬。神足二：一舒槃那，二鬱多樓。侍者安和子導師。

拘那含牟尼佛：《翻譯集》曰：全寂。

烏暫婆羅門樹：《觀經》〔註14〕云：優曇樹下，成等正覺，一本無婆羅門云字。

迦葉佛

偈曰：一切眾生性清淨，從本無生無可滅。即此身心是幻生，幻化之中無罪福。《長阿含經》云：人壽二萬歲時，此佛出世。種婆羅門，姓迦葉。父梵德，母財主。居波羅奈城。坐尼拘律樹下，說法一會，度人二萬。神足二：一提舍，二婆羅婆。侍者善友子集軍。

迦葉：此云飲光。

尼拘律樹：此云柳木。似北方柳故。

釋迦牟尼〔註15〕佛

姓剎利，父淨飯天，母大清淨妙位。登補處，生兜率天上，名曰勝善天人，亦名護明大士。度諸天眾，說補處行，於十方界中，現身說法。《普曜經》

〔註14〕觀經：指唐代般若譯《大乘本生心地觀經》。

〔註15〕尼：原文寫作「昆」，徑改作此。下不另出注。

云：佛初生刹利王家，放大智光明，照十方世界。地涌金蓮華，自然捧雙足。東西及南北，各行於七步。分手指天地，作師子吼声。上下及四維，無能尊我者。即周昭王二十四年甲寅歲四月八日也。至四十二年二月八日，年十九，欲求出家，而自念言：當復何遇？即於四門遊觀，見四等事，心有悲喜，而作思維，此老、病、死，終可厭離。於是夜子時，有一天人，名曰淨居，於窓牖中叉手白言：出家時至，可去矣。太子聞已，心生歡喜，即逾城而去，於檀特山中修道。始於阿藍迦藍處三年，學不用處定，知非便捨。復至鬱頭藍弗處三年，學非非想定，知非亦捨。又至象頭山，同諸外道日食麻麥，經于六年。故經云：以無心意、無受行，而悉摧伏諸外道。先歷試邪法，示諸方便，發諸異見，令至菩提。故《普集經》云：菩薩於二月八日，明星出時成道，號天人師，時年三十矣。即穆王三年癸未歲也。既而於鹿野苑中，為憍陳如等五人，轉四諦法輪而證道果。說法住世四十九年，後告弟子摩訶迦葉：吾以清淨法眼，涅槃妙心，實相無相，微妙正法，將付於汝，汝當護持。并勅阿難：副貳傳化，無令斷絕。而說偈云：法本法無法，無法法亦法。今付無法時，法法何曾法？爾時世尊說此偈已，復告迦葉：吾將金縷僧伽梨〔註16〕衣傳付於汝，轉授補處，至慈氏佛出世，勿令朽壞。迦葉聞偈，頭面禮足曰：善哉善哉。我當依敕，恭順佛故。爾時世尊至拘尸那城，告諸大眾，吾今背痛，欲入涅槃。即往熙連河側，娑羅雙樹下，右股累足，泊然宴寂。復從棺起，為母說法。特示双足化婆者，并說無常偈曰：諸行無常，是生滅法。生滅滅已，寂滅為樂。時諸弟子即以香薪競茶〔註17〕毘之，爐後金棺如故。爾時大眾即於佛前，以偈讚曰：凡俗諸猛熾，何能致火熱？請尊三昧火，闍維金色身。爾時金棺從座而舉，高七多羅樹，往返空中，化火三昧。須臾灰生，得舍利八斛四斗。即穆王五十二年壬申歲二月十五日也。自世尊滅後一千一十七年，教至中夏，即後漢永平十年戊辰歲也。

　　四等事：則老病死并沙門也。見《涅槃》四。

　　戊辰：年也。已上自〔註18〕毘婆士，至〔註19〕此，與《傳〔註20〕

〔註16〕梨：多寫作「棃」，不改。下同。

〔註17〕茶：原文作「荼」，徑改作此。下不另出注。

〔註18〕自：原文漫糊不清，據輪廓和文意補。

〔註19〕原文漫糊不清，據輪廓和文意補。

〔註20〕與傳：原文漫糊不清，據輪廓和文意補。

灯〔註21〕》無異〔註22〕。

　　轉四諦法輪：若厭色籠，脩四空定，生四空天，名無色界，一空處，二識處，三無所有處，亦名不用處。脩此定時，不用一切內外境界。四非有想非無想。

　　年三十：異說不定。雖然佛成道時，父王進〔註23〕佛消息云：一訣〔註24〕別今十二年，以是曰三十成道云々。淨飯王消息，《本行經》也。

　　七多羅樹：《藏經音義》第六，多羅樹，形如椶桐，極高八十尺，華如黃米子，大如針人。多食之。或云：一多羅樹高七仞〔註25〕，高七尺四仞，是則樹高四十九尺。

　　世尊成道後，在逝多林中一樹下跏趺而坐。有二商人以五百乘車經過林畔，有二車牛不肯前進。商人乃訝，見之山神。報言：林中有聖人成道，經逾四十九日未食，汝當供養。商人入林，果見一人端然不動。乃問曰：為是梵王邪？帝釋邪？山神邪？河神邪？世尊微笑，舉袈裟角示之。商人頂禮，遂陳供養。

　　逝多林：唐言勝林。舊云：祇陀，訛也。即給孤園也。

　　世尊因黑氏梵志運神力，以左右手擎合歡、梧桐花兩株，來供養佛。佛召仙人，梵志應諾。佛曰：放下著。梵志遂放下左手一株花。佛又召仙人：放下著。梵志又放下右手一株花。佛又召仙人：放下著。梵志曰：世尊，我今兩手皆空，更教放下箇甚麼？佛曰：吾非教汝放捨其花，汝當放捨外六塵、內六根、中六識。一時捨卻，無可捨處，是汝免生死処〔註26〕。梵志於言下悟無生忍。

　　合歡梧桐華兩株：合歡花與梧桐花二株歟？

　　無生忍：長水云：真如實相，名無生法。無漏真智，名之為忍。得此智時，忍可印持。法無生理，決定不謬，境智相冥，名無生忍。

〔註21〕灯：同「燈」。
〔註22〕異：原文漫糊不清，據文義和輪廓補。
〔註23〕進：原文潦草難辨，疑為「進」。
〔註24〕訣：原文潦草難辨，疑為「訣」。
〔註25〕仞：同「仞」，人伸張兩臂的長度，為古代長度單位，一般指八尺。
〔註26〕処：同「處」，下同。

世尊因靈山會上五百比丘得四禪定，具五神通，未得法忍，以宿命智通，各各自見過去殺父害母，及諸重罪，於自心內各各懷疑，於甚深法不能證入。於是文殊承佛神力，遂手握利劍，持逼如來。世尊乃謂文殊曰：住！住！不應作逆，勿得害我。吾必被害，為善被害。文殊師利！爾從本已來無有我人，但以內心見有我人。內心起時，我必被害，即名為害。於是五百比丘自悟本心，如夢如幻，於夢幻中無有我人，乃至能生所生父母。於是五百比丘同讚歎曰：文殊大智士，深達法源底。自手握利劍，持逼如來身。如劍佛亦爾，一相無有二。無相無所生，是中云何殺？

　　四禪定：一者禪定，二者智定，三者慧定，四者戒定。

　　五神通：一神境，二他心，三天眼，四天耳，五宿命，加無漏，
　為六通。

西天祖師

一祖摩訶迦葉尊者

摩竭陀國人也。姓婆羅門，父飲澤，母香志。昔為鍛金師，善明金性，使其柔伏。付法傳曰：嘗於久遠劫中，毘婆尸佛入涅槃後，四眾起塔，塔中像面金色有缺壞。時有貧女，將金珠往金師所，請飾佛面。既而因共發願：願我二人，為無姻夫妻。由是因緣，九十一劫身皆金色，後生梵天。天壽盡，生中天摩竭陀國婆羅門家，名曰迦葉波，此云飲光勝尊，蓋以金色為號也。繇是志求出家，冀度諸有。佛言：善來，比丘！鬚髮自除，袈裟著體，常於眾中稱歎第一。復言：吾以清淨法眼，將付於汝。汝可流布，無令斷絕。《涅槃經》云：爾時世尊欲涅槃時，迦葉不在眾會，佛告諸大弟子，迦葉來時，可令宣揚正法眼藏。爾時迦葉在耆闍崛山畢鉢羅窟觀勝光明，即入三昧，以淨天眼，觀見世尊於熙連河側，入般涅槃。乃告其徒曰：如來涅槃也，何其駛哉！即至雙樹間，悲戀號泣。佛於金棺出示雙足。爾時迦葉告諸比丘：佛已茶毘，金剛舍利，非我等事。我等宜當結集法眼，無令斷絕。乃說偈曰：如來弟子，且莫涅槃，得神通者，當赴結集。於是得神通者，悉集王舍耆闍崛山畢鉢羅窟。時阿難為漏未盡，不得入會，後證阿羅漢果，由是得入。迦葉乃白眾言，此阿難比丘，多聞總持，有大智慧，常隨如來，梵行清淨。所聞佛法，如水傳器，無有遺餘。佛所讚歎，聰敏第一。宜可請彼集修多羅藏。大眾默然。迦葉告阿難曰：汝今宜宣法眼。阿難聞語信受，觀察眾心而宣偈言：比丘諸眷屬，離佛

不莊嚴。猶如虛空中，眾星之無月。說此偈已，禮眾僧足，升法座而宣是言：如是我聞。一時佛住某處，說某經教，乃至人天等，作禮奉行。時迦葉問諸比丘，阿難所言，不錯謬乎？皆曰：不異世尊所說。迦葉乃告阿難言：我今年不久留今將正法付囑於汝。汝〔註27〕善守護，聽吾偈言。法法本來法，無法無非法。何於一法中，有法有不法？說偈已，乃持僧伽梨衣入雞足山，俟慈氏下生。即周孝王五年丙辰歲也。

佛臨滅度，阿難請問四事。佛一一答：我滅度後，一依四念処住，二以戒為師，三默擯惡性比丘，四一切経初皆云如是我聞，一時佛在某処，與某〔註28〕眾若干等。四念処者，身不淨受不楽，心無常，法無我也。

阿難身與佛相似短佛三指。阿難初登高座，眾起三疑。或疑世尊重出，或疑他方佛來，或疑阿難成佛。乃唱我聞，三俱疑。

尊者因外道問：如何是我々？者云：覔〔註29〕我者是汝我。外道曰：這箇是我々，師我何在？汝問我覔。

汝覔底，猶是汝我也。若是我，真我非汝境界。

二祖阿難尊者

二祖阿難尊者，王舍城人也。姓剎利帝，父斛飯王，實佛之從弟也。梵語阿難陀，此云慶喜，亦云歡喜。如來成道（夜）生，因為之名。多聞博達，智慧無礙。世尊以為總持第一，嘗所讚歎。加以宿世有大功德，受持法藏，如水傳器，佛乃命為侍者。尊者一日白佛言：今日入城，見一奇特事。佛曰：見何奇特事？者云：入城時見一攢樂人作舞，出城總見無常。佛曰：我昨日入城，亦（見）一奇特事。者云：未審見何奇特事？佛曰：我入城時見一攢樂人作舞，出城時亦見樂人作舞。

一攢：攢，聚也。一隊樂人也。

總見無常：空了也。

斛飯王：獅子頰王有四子。一淨飯，二白飯，三斛飯，四甘露飯。

〔註27〕原文脫一「汝」字。
〔註28〕某：字潦草難辨。
〔註29〕覔：同覓。

一日問迦葉曰：師兄！世尊傳金襴袈裟外，別傳箇甚麼？迦葉召阿難，阿難應諾。迦葉曰：倒卻門前剎竿著。後阿闍世王白言：仁者！如來、迦葉尊勝二師，皆已涅槃，而我多故，悉不能覩。尊者般涅槃時，願垂告別。尊者許之。後自念言：我身危脆，猶如聚沫，況復衰老，豈堪久長？阿闍世王與吾有約。乃詣王宮告之曰：吾欲入涅槃，來辭耳。門者曰：王寢，不可以聞。者曰：俟王覺時，當為我說。時阿闍世王夢中見一寶蓋，七寶嚴飾，千萬億眾圍繞瞻仰，俄而風雨暴至，吹折其柄，珍寶瓔珞，悉墜於地，心甚驚異。既寤，門者具白上事。王聞，失聲號慟，哀感天地。即至毘舍離城，見（尊者在）恒河中流，跏趺而坐。王乃作禮，而說偈曰：稽首三界尊，棄我而至此，暫憑悲願力，且莫般涅槃。時毘舍離王亦在河側，說偈言：尊者一何速，而歸寂滅場，願住須臾間，而受於供養。尊者見二國王咸來勸請，乃說偈言：二王善嚴住，勿為苦悲戀。涅槃當我靜，而無諸有故。尊者復念：我若偏向一國，諸國爭競，無有是處，應以平等度諸有情。遂於恆河中流，將入寂滅。是時山河大地，六種震動，雪山有五百仙人，覩茲瑞應，飛空而至，禮尊者足，胡跪白言：我於長老，當證佛法，願垂大慈，度脫我等。尊者默然受請，即變殑伽河悉為金地，為其仙眾說諸大法。尊者復念：先所度脫弟子應當來集。須臾，五百羅漢從空而下，為諸仙人出家授具。其仙眾中有二羅漢。一名商那和修，二名末田底迦。尊者知是法器，乃告之曰：昔如來以大法眼付大迦葉，迦葉入定而付於我。我今將滅，用傳於汝。汝受吾教，當聽偈言：本來付有法，付了言無法。各各須自悟，悟了無無法。尊者付法眼藏竟，踊身虛空，現十八變入風奮迅三昧。分身四分，一分奉忉利天，一分奉娑竭羅龍宮，一分奉毘舍離王，一分奉阿闍世王。各造寶塔而供養之。乃厲王十二年癸巳歲也。

奮迅三昧：什法師云：奮迅，自在也。

十八變：《止觀》云：一右脇出水，二左脇出火，三左出水，四右出火，身上下出水火為四，并前為八。九履水如地，十履地如水，十一從空中得而復現地，十二地沒而現空中，空中行、住、坐、臥。十七或現大身，滿虛空中。十八大復現小。凡如意通，皆名變化。

三祖商那和修尊者

摩突羅國人也。亦名舍那婆斯。姓毘舍多，父林勝，母憍奢耶，在胎六年而生。梵語商諾迦，此云自然服，即西域九枝秀草名也。若聖人降生，則此草生於淨潔之地。和修生時，瑞草斯應。昔如來行化至摩突羅國，見一青林，

枝葉茂盛，語阿難曰：此林地名優留荼，吾滅度後一百年，有比丘商那和修，於此轉妙法輪。後百歲，果誕和修，出家證道，受慶喜尊者法眼，化導有情。及止此林，降二火龍，歸順佛教。龍因施其地，以建梵宮。尊者化緣既久，思付正法。尋於吒利國，得優波鞠多以為給侍。因問鞠多曰：汝年幾邪？答曰：我年十七。者曰：汝身十七，性十七邪？答曰：師髮已白，為髮白邪？心白邪？者曰：我但髮白，非心白耳。鞠多曰：我身十七，非性十七也。尊者知是法器。後三載，遂為落髮授具。乃告曰：昔如來以無上法眼付囑迦葉。展轉相授，而至於我。我今付汝，勿令斷絕。汝受吾教，聽吾偈言：非法亦非心，無心亦無法。說是心法時，是法非心法。說偈已，即隱於罽賓國南象白山中。後於三昧中，見弟子鞠多有五百徒眾，常多懈慢。尊者乃往彼，現龍奮迅三昧，以調伏之。而說偈曰：通達非彼此，至聖無長短。汝除輕慢意，疾得阿羅漢。五百比丘聞偈已，依教奉行，皆獲無漏。尊者乃現十八變火光三昧，用焚其身。鞠多收舍利，葬於梵迦羅山。五百比丘各持一幡，迎導至彼，建塔供養。乃宣王二十二年乙未歲也。

> 龍奮迅三昧：《統記》曰：商那手指虛空，便下香穴，如高山宗住。毱多不曉是何三昧？商那為言，此是龍奮迅三昧。

四祖優波毱多尊者

吒利國人也。亦名優波崛多。又名鄔波鞠多。姓首陀，父善意。十七出家，二十證果。隨方行化，至摩突羅國，得度者甚眾。云云。每度一人，以一籌置於石室。其室縱十八肘，廣十二肘，充滿其間。最後有一長者子，名曰香眾，來禮尊者，志求出家。尊者問云：汝身出家，心出家？答云：我來出家，非為身心。尊者云：不為身心，復誰出家？答曰：夫出家者，無我我故。無我我故，即心不生滅，心不生滅，即是常道。諸佛亦常心無形相，其體亦然。尊者云：汝當大悟，心自通達。宜依佛法僧，紹隆聖種。即為剃度，授具足戒。仍告之曰：汝父嘗夢金日而生汝，可名提多迦。復謂曰：如來以大法眼藏，次第傳授，以至於我。今復付汝，聽吾偈言：心自本來心，本心非有法。有法有本心，非心非本法。付法已，乃踊身虛空，呈十八變，卻復本座，跏趺而逝。提多迦以室內籌用焚師軀，收舍利，建塔供養。即平王三十年庚子歲也。

> 籌：長四寸。

> 肘：一肘人一尺八寸，佛三尺六寸。

五祖提多迦尊者

摩伽陀國人也。梵語提多迦，此云通真量。初生之時，父夢金日自屋而出，照耀天地。前有大山，諸寶嚴飾。山頂泉涌，滂沱四流。後遇鞠多尊者，為解之曰：宝山者，吾身也。泉涌者，法無盡也。日從屋出者，汝今入道之相也。照耀天地者，汝智慧超越也。尊者聞師說已，歡喜踊躍，而唱偈言：巍巍七宝山，常出智慧泉。回為真法味，能度諸有緣。鞠多尊者亦說偈曰：我法傳於汝，當現大智慧。金日從屋出，照耀於天地。提多迦聞師妙偈，設禮奉持。後至中印度，彼國有八千大仙，彌遮迦為首。聞尊者至，率眾瞻禮。謂尊者曰：昔與師同生梵天，我遇阿私陀仙授我仙法，師逢十力弟子，修習禪那，自此報分殊塗，已經六劫。者曰：支離累劫，誠哉不虛。今可捨邪歸正，以入佛乘。彌遮迦曰：昔阿私陀仙人授我記曰：汝卻後六劫，當遇同學，獲無漏果。今也相遇，非宿緣邪？願師慈悲，令我解脫。者即度出家，命諸聖授戒。其餘仙眾，始生我慢。尊者示大神通，於是俱發菩提心，一時出家。者乃告彌遮迦云：昔如來以大法眼藏密付迦葉，展轉相授，而至於我。我今付汝，當護念之。乃說偈曰：通達本法心，無法無非法。悟了同未悟，無心亦無法。說偈已，踊身虛空作十八變，火光三昧，自焚其軀。彌遮迦與八千比丘同收舍利於，班荼山中，起塔供養。即莊王七年己丑歲也。

> 梵語提多迦，此云通真量：《正宗記》曰：梵語提多迦，此云通真量，蓋取其夢之義也。

六祖彌遮迦尊者

中印度人也。既傳法已，遊化至北天竺國，見雉堞之上有金色祥雲，歎曰：斯道人氣也，必有大士為吾嗣。乃入城，於闤闠間，有一人手持酒器，逆而問曰：師何方來？欲往何所？祖云：從自心來，欲往無處。曰：識我手中物否？祖云：此是觸器而負淨者。曰：師識我否？祖曰：我即不識，識即非我。復謂之曰：汝試自稱名氏，吾當後示本因。彼說偈答曰：我從無量劫，至于生此國，本姓頗羅墮，名字婆須蜜。祖云：我師提多迦說，世尊昔遊北印度，語阿難言：此國中吾滅後三百年，有一聖人姓頗羅墮，名婆須蜜，而於禪祖，當獲第七。世尊記汝，汝應出家。彼乃置器禮師。側立而言曰：我思往劫，常作檀那，獻一如來寶座，彼佛記我曰：汝於賢劫釋迦法中，宣傳至教。今符師說，願加度脫。祖即與披剃，復圓戒相，乃告之曰：正法眼藏，今付於

汝，勿令斷絕。乃說偈曰：無心無可得，說得不名法。若了心非心，始解心心法。祖說偈已，入獅子奮迅三昧，踊身虛空，高七多羅樹，卻復本座，化火自焚。婆須蜜收靈骨，貯七寶函，建浮圖實于上級。即襄王十五年甲申歲也。

　　　　獅子奮迅三昧：於諸垢穢，縱任棄捨，如獅子王自在奮迅。奮迅，振毛羽貌也。《大般若》五十。

七祖婆須蜜尊者

北天竺國人也。姓頗羅墮，常服淨衣，執酒器，遊行里閈，或吟或嘯，人謂之狂。及遇彌遮迦尊者，宣如來往誌，自省前緣，投器出家，受法行化。至迦摩羅國，云々。付法偈曰：心同虛空界，示等虛空法。證得虛空時，無是無非法。

八祖佛陀難提尊者

迦摩羅國人也。姓瞿曇氏，頂有肉髻，辯捷無礙。初遇婆須蜜，出家受教。既而領徒行化，云々。付法偈曰：虛空無內外，心法亦如此。若了虛空故，是達真如理。

九祖伏馱蜜多尊者

提伽國人也。姓毘舍羅。既受八祖付囑，後至中印度行化，云々。付法偈曰：真理本無名，因名顯真理。受得真實法，非真亦非偽。

　　　　伏馱：或作佛陀。

十祖脅尊者

中印度人也。本名難生。初將誕時，父夢一白象，背有寶座，座上安一明珠，從門而入，光照四眾，既覺遂生。從值九祖，執侍左右，未嘗睡眠，謂其脅不至席，（遂）號脅尊者焉。初至華氏國，憩一樹下。右手指地而告眾曰：此地變金色，當有聖人入會。言訖，即變金色。時有長者子富那夜奢，合掌前立。祖問曰：汝從何來？答曰：我心非往。祖曰：汝何處住？答曰：我心非止。祖曰：汝不定邪？曰諸佛亦然。祖曰：汝非諸佛。曰：諸佛亦非。祖因說偈曰：此地變金色，預知有聖至。當坐菩提樹，覺華而成已。夜奢復說偈曰：師坐金色地，常說真實義。回光而照我，令入三摩諦。祖知其意，即度出家，復具戒品，乃告之曰：如來大法藏，今付於汝，汝護念之。乃說偈曰：真體自然真，因真說有理。領（得）真真法，無行亦無止。祖付法已，即現神變而入涅槃，

化火自焚。四眾各以衣裓盛舍利,隨處興塔而供養之。即貞王二十二年己亥歲也。

三摩諦:此翻定,亦云觀。

衣裓:《藏經音義》相傳云:謂衣襟也。裓,古得反。三藏法師云:衣裓是外國盛華之器,貢人上貴人。

衣裓:《正宗記》云:十八舍利自空而下,不可勝數。眾竟以衣裓接之,《寶林傳》云:空降舍利,大眾以衣共成接,安立塔廟。

十一祖富那夜奢尊者

華氏國人也。姓瞿曇氏,父寶身。既得法於脅尊者,尋詣波羅奈國,有馬鳴大士迎而作禮。問曰:我欲識佛,何者即是?祖云:汝欲識佛,不識者是。曰:佛既不識,焉知是乎?祖曰:既不識佛,焉知不是?曰:此是鋸義。祖曰:彼是木義。祖問:鋸義者何?曰:與師平出。馬鳴卻問:木義者何?祖曰:汝被我解。馬鳴豁然省悟,稽首歸依,遂求剃度。祖謂眾曰:此大士者,昔為毘舍利國王。其國,有一類人如馬裸露,王運神力分身為蠶,彼乃得衣。王後復生中印度,馬人感戀悲鳴,因號馬鳴焉。如來記曰:吾滅度後六百年,當有賢者馬鳴於波羅奈國,摧伏異道,度人無量,繼吾傳化。今正是時。即告之曰:如來大法眼藏,今付於汝。即說偈曰:迷悟如隱顯,明暗不相離。今付隱顯法,非一亦非二。尊者付法已,即現神變,湛然圓寂。眾興寶塔,以閟全身。即安王十四年戊戌歲也。

閟:蓄秘閉也。

因號馬鳴焉:《寶林傳》云:毘舍利國中,人無衣服,身生其毛,猶似於馬。雖有其口,不解言語。云云。又云:彼國三眾而各有異。於最下者,身無衣服,不解言說。上〔註30〕彼二眾號之馬人,云云。

因號馬鳴焉:《廣燈錄》云:彼國人民有三等。最上者,身有光明,衣食隨念;中等者,身無光明,自謀衣食;下一類人,如馬露裸。

十二祖馬鳴大士

波羅奈國人也。亦名功勝,以有作無作諸功德最為殊勝,故名焉。既受法於夜奢尊者,後於華氏國轉妙法輪。云云付法。隱顯即本法,明暗元不二。今付悟了法,非取亦非離。

〔註30〕上:漫糊不清。

十三祖迦毘摩羅尊者

華氏國人也。初為外道，有徒三千，通諸異論。後於馬鳴尊者得法，領徒至西印度。云々付法。偈曰：非隱非顯法，說是真實際。悟此隱顯法，非愚亦非智。

十四祖龍樹尊者

西天竺國人也，亦名龍勝。始於摩羅尊者得法，後至南印度。云々付法。偈云：為明隱顯法，方說解脫理。於法心不證，無瞋亦無喜。

> 亦名龍勝：《正宗記》曰：作龍木大士。曰：始其國有山，號龍
> 勝者。素為龍之所棲，而山有巨木，能蔭眾龍。及大士有所感悟，
> 意欲出家。遂入山脩行，乃依其木。然而三藏奧義，亦有自洞曉。
> 已能為其龍眾說法，以故號龍木，云々。

十五祖迦那提婆尊者

南天竺國人也，姓毘舍羅。初求福業，兼樂辯論。後謁龍樹大士。將及門，龍樹知是智人，先遣侍者以滿鉢水，置於座前。尊者覩之，即以一針投之而進，欣然契會。龍樹即為說法，不起於座，現月輪相，唯聞其聲，不見其形。祖語眾曰：今此瑞者，師現佛性。表說法非聲色也。祖既得法，後至迦毘羅國。彼有長者，曰梵摩淨德。一日，園樹生耳如菌，味甚美。唯長者与第二子羅睺羅多取而食之。取已隨長，盡而復生。自餘親屬，皆不能見。祖知其宿因，遂至其家。長者迺問其故。祖曰：汝家昔曾供養一比丘，然此比丘道眼未明，以虛霑信施，故報為木菌。唯汝與子，精誠供養，得以享之，餘即否矣。又問長者：年多少？答曰：七十有九。祖乃說偈曰：入道不通理，復身還信施。汝年八十一，此樹不生耳。長者聞偈已，彌加歎伏。且曰：弟子衰老，不能事師，願捨次子，隨師出家。祖曰：昔如來記此子，當第二五百年，為大教主。今之相遇，蓋符宿因。即與剃髮，執侍。云々付法。偈曰：本對傳法人，為說解脫理。於法實無證，無終亦無始。

> 十五祖迦那提婆尊者：《西域記》曰：提婆尊者，自獅子國來，
> 求論議。龍猛以其名，盛滿鉢水，命弟子示提婆。提婆見水，默而
> 投針。弟子持鉢懷疑而反。龍猛曰：智矣〔註31〕哉，若人（カクノ

〔註31〕矣：字漫糊不清。

ゴトキ）也！夫水也者，隨器方圓，逐物清濁，瀰漫無間。澄湛莫測。而示之，比我〔註32〕學之智圓也。彼乃投針，遂窮其極，此非常人。宜速召進〔註33〕。云々。

十六祖羅睺羅多尊者

迦毘羅國人也。行化至室羅筏城，有河名曰金水，其味殊美，中流復現五佛影。祖告眾曰：此河之源，凡五百里，有聖者僧伽難提，居於彼處。佛誌一千年後，當紹聖位。語已，領諸學眾，泝流而上。至彼，見僧伽難提，安坐入定。祖与眾伺之。經三七日，方從定起。祖問曰：汝身定邪，心定邪？提云：身心俱定。祖云：身心俱定，何有出入？提曰：雖有出入，不失定相。如金在井，金體常寂。祖云：若金在井，若金出井，金無動靜，何物出入？提曰：言金動靜，何物出入？許（言）金出入，金非動靜。祖云：若金在井，出物何金？若金出井，在者何物？提曰：金若出井，在者非金。金若在井，出者非物。祖云：此義不然。提云：彼義非著。祖云：此義當墮。提曰：彼義不成。祖曰：彼義不成，我義成矣。提曰：我義雖成，法非我故。祖曰：我義已成，我無我故。提曰：我無我故，復成何義？祖曰：我無我故，故成汝義。提曰：仁者師誰，得是無我。祖云：我師迦那提婆，證是無我。難提以偈讚曰：稽首提婆師，而出於仁者。仁者無我故，我欲師仁者。祖以偈答曰：我已無我故，汝須見我我。汝若師我故，知我非我我。難提心意豁然，即求度脫。祖云：汝心自在，非我所繫。語已，即以右手擎金鉢，舉至梵宮，取彼香飯，將齋大眾，而大眾忽生厭惡之心。祖曰：非我之咎，汝等自業。即命難提，分座同食，眾復訝之。祖曰：汝不得食，皆由此故。當知與吾分座者，即過去娑羅樹王如來也。愍物降跡，汝輩亦莊嚴劫中，已至三果，而未證無漏者也。眾云：我師神力，斯可信矣。彼云過去佛者，即竊疑焉。難提知眾生慢，乃曰：世尊在日，世界平正，無有丘陵，江河溝洫，水悉甘美，草木滋茂，國土豐盈。無八苦，行十善，自双樹示滅，八百餘年，世界丘墟，樹木枯悴，人無至信，正念輕微，不信真如，唯愛神力。言訖，以右手漸展入地，至金剛輪際，取甘露水，以琉璃器，持至會所。大眾見之，即時欽慕，悔過作禮。於是祖命僧伽難提而付法眼。偈曰：於法實無證，不取亦不離。法非有無相，內外云何起？祖付法已，安坐歸寂。四眾建塔。當前漢武帝二十八年戊辰歲也。

〔註32〕我：字漫糊不清。
〔註33〕進：字漫糊不清。

　　現五佛影：五佛，《法數》曰：一過去，二未來，三現在，四十方，五釋迦。《寶林傳》云：覓水中而有五佛影，云々。五佛，或云：未必密家五智如來。

　　如金在井：《寶林傳》曰：如金在井，如金出井，在井出井。世相去來，若約金體，都無動靜。山云：井喻身心，金喻定。

　　香飯：《廣燈》云：取彼香飯，為齋大眾。而大眾慮念飯少，心生厭惡，不得就食，云々。

　　汝不得食皆由此故：《廣燈》云：……由心不了故。

　　八苦：生老病死之四苦，并恩受別苦，所求不得苦，怨憎會苦，憂悲苦也。

　　十善：不殺，不盜，不邪婬，不妄語，不綺語，不兩舌，不惡口，不嫉，不恚，不癡。

　　娑羅樹王佛：見《阿彌陀經》。上方世界之佛也。

　　金剛輪際：《樓炭經》，地深二十億萬里，下有金粟金剛，亦各二十億萬里，下有水際。

十七祖僧伽難提尊者

　　室羅筏城，寶莊嚴王之子也。生而能言，常讚佛事。七歲即厭世樂，以偈告其父母曰：稽首大慈父，和南骨血母。我今欲出家，幸願哀愍故。父母固止之，遂終日不食。乃許其在家，出家號僧伽難提。復命沙門禪利多為之師。積十九載，未嘗退倦。每自念言：身居王宮，胡為出家？一夕，天光下屬，見一路坦平，不覺徐行。約十里許，至大岩前，有石窟焉，乃燕寂于中。父既失子，即擯禪利多出國，訪尋其子，不知所在。經十年，祖得法受記了，行化至摩提國，云々。

　　和南：此云致敬。外國致敬之辭也。

　　忽有涼風襲眾，身心悅適非常，而不知其然。祖云：此道德之風也。當有聖者出世，嗣續祖燈乎？言訖以神力攝諸大眾，遊歷山谷。食頃，至一峯下，謂眾曰：此峰頂有紫雲如蓋，聖人居此矣。即與大眾徘徊久之。見山舍一童子持圓鑑，直造祖前。祖問：汝幾歲邪？曰：百歲。祖曰：汝年尚幼，何言百歲？童曰：我不會理，正百歲耳。祖云：汝善機邪？童云：佛言：若人生百歲，不會諸佛機，未若生一日，而得決了之。祖云：汝手中者，當何所表？童

曰：諸佛大圓鑑，內外無瑕翳。両人同得見，心眼皆相似。彼父母聞子語，即捨令出家。祖攜至本處，授具戒訖，名伽耶舍多。他時聞風吹殿鈴声，祖問曰：鈴鳴邪？風鳴邪？舍多曰：非風鈴鳴，我心鳴耳。祖云：心復誰乎？舍多曰：俱寂靜故。祖曰：善哉！善哉！繼吾道者，非子而誰。即付法眼。偈曰：心地本無生，因地從〔註34〕緣起。緣種不相妨，華果亦復爾。祖付法已，右手攀樹而化大眾議曰：尊者樹下歸寂，其垂蔭後裔乎？將奉全身於高原建塔，眾力不能舉，即就樹下起塔。當前漢昭帝十三年丁未歲也。

　　俱寂靜故：《寶林傳》云：俱寂靜故，非三昧邪？

十八祖伽耶舍多尊者

摩提國人也。姓鬱頭藍，父天蓋，母方聖。嘗夢大神持鑑，因而有娠。凡七日而誕，肌體瑩如琉璃，未嘗洗沐，自然香潔。幼好閑靜，語非常童。持鑑出遊，遇難提尊者。得度，後領徒，至大月氏國。云々付法。偈曰：有種有心地，因緣能発萌。於緣不相礙，當生生不生。

十九祖鳩摩羅多尊者

大月氏國，婆羅門之子也。昔為自在天人。〔欲界第六天也。〕見菩薩瓔珞，忽起愛心，墮生仞利。〔欲界第二天。〕聞憍尸迦說般若波羅蜜多，以法勝故，升于梵天。色界以根利故，善說法要，諸天尊為導師。以繼祖時至，遂降月氏。後至中天竺國，有大士名闍夜多，問曰：我家父母素信三宝，而常縈疾瘵，凡所營作，皆不如意？而我鄰家久為旃陀羅行，而身常勇健，所作和合。彼何幸，而我何辜？（祖曰：）何足疑乎？且善惡之報，有三時焉。凡人但見仁夭、暴壽、逆吉、義凶，便謂亡因果，虛罪福，殊不知，影響相隨，毫釐靡忒。說因果應報事，縱經百千萬劫，亦不磨滅。時闍夜多聞是語已，頓釋所疑。祖云：汝雖（已）信三業，而未明業從惑生，惑因識有，識依不覺，不覺依心。心本清淨，無生滅，無造作，無報應，無勝負，寂寂然，靈靈然。汝若入此法門，可與諸佛同矣。一切善惡，有為無為，皆如夢幻。闍夜多承言領旨，即発宿慧，懇求出家。既受具，祖告曰：吾今寂滅時至，汝當紹行化跡。乃付法眼，偈曰：性上本無生，為對求人說。於法既無得，何懷決不決？又云：此是妙音如來見性清淨之句，汝宜傳布後學。言訖即於座上，以指爪劈面，如紅蓮開出，大光明照耀四眾而入寂滅。闍夜多起塔。當新室十四年壬午歲也。

〔註34〕從：同「從」。

劦：力之反，剝也，劃也。

說因果應報事：《十門辨成論》卷下云：史業之感報，有又三時焉。有見報者，此身作業，即身而受也。有生業者，今身造業，次生而受也。有後報業者，次生未受，後後生方受也。初於禾菽之類也。經時即熱。次猶粢稗之等也。易歲之登，後猶桃李之輩也。積年方實。

二十祖闍夜多尊者

北天竺國人也。智慧淵沖，化導無量。後至羅閱城，敷揚頓教。彼有學眾，唯尚辯論。為之首者，名婆修盤頭。〔此云遍行。〕常一食不臥，六時禮佛，清淨無欲，為眾所歸。祖將欲度之，先問彼眾曰：此遍行頭陀，能修梵行，可得佛道乎？眾云：我師精進，何故不可？祖云：汝師與道遠矣。設苦行歷於塵劫，皆虛妄之本也。眾云：尊者蘊何德行，而譏我師？祖云：我不求道，亦不顛倒。我不禮佛，亦不輕慢。我不長坐，亦不懈怠。我不一食，亦不雜食。我不知足，亦不貪欲。心無所希，名之曰道。時遍行聞已，發無漏智，歡喜讚歎。云云付法。偈曰：言不合無生，同於法界性。若能如是解，通達事理竟。

二十一祖婆脩盤頭尊者和尚章

羅閱城人也。姓毘舍佉，父光蓋，母嚴一。家富〔註35〕而無子，父母禱于佛塔，而求嗣焉。一夕，母夢吞明暗二珠，覺而有孕。經七日，有一羅漢名賢眾至其家，光蓋設禮，賢眾端坐受之嚴一出拜，賢眾避席曰：回禮法身大士。光蓋罔測其由，遂取一寶珠跪獻，試其真偽。賢眾即受之，殊無遜謝。光蓋不能忍，問曰：我是丈夫，致禮不顧？我妻何德，尊者避之？賢眾曰：（我）受（禮）納珠，貴福汝耳。汝婦懷聖子，生當為世燈慧日，故吾避之，非重女人也。賢眾又曰：汝婦當生二子，一名婆修盤頭，則吾所尊者也。二名芻尼。〔此云野鵲子〕。昔如來在雪山修道，芻尼巢於頂上，佛既成道，芻尼受報為那提國王。佛記曰：汝至第二五百年，生羅閱城毘舍佉家，與聖同胞。今無爽矣。後一月果產二子。尊者婆修盤頭，年至十五，禮光度，羅漢出家，感毘婆訶菩薩與之授戒。行化至那提國，彼王名常自在，有二子：一名摩訶羅，次名摩拏羅。王問祖曰：羅閱城土風，與此何異？祖曰：彼土曾三佛出世，今王國

〔註35〕冨：同「富」。

有二師化導。王曰：二師者誰？祖曰：佛記第二五百年，有二神力大士，出家繼聖，即王之次子摩拏羅是其一也。吾雖德薄，敢當其一。王曰：誠如尊者所言，當捨此子作沙門。祖曰：善哉！大王能遵佛旨。即與授具付法。偈云：泡幻同無礙，如何不了悟？達法在其中，非今亦非古。云々。

三佛出世：山云：乃過去世之佛也。又云：不見名字也。

二十二祖摩拏羅尊者

那提國常自在王之子也。年三十，遇婆修祖師，出家傳法，至西印度。云々。付法偈曰：心隨萬境轉，轉處實能幽。隨流認得性，無喜復無憂。云々。

已經九白：印度以一年為一白。

二十三祖鶴勒那尊者

月氏國人也。姓婆羅門，父千勝，母金光。以無子故，禱于七佛金幢。即夢須彌山頂一神童，持金環云：我來也。覺而有孕。年七歲，遊行聚落，覩民間淫祀，乃入廟叱之曰：汝妄興禍福，幻惑於人，歲費牲牢，傷害斯甚。言訖廟兒忽然而壞。由是鄉〔註36〕黨謂之聖子。年二十二出家。三十遇摩拏羅尊者，付法眼藏。行化至中印度。云々。

七佛金幢：山云：塔幢也。《寶林傳》：有一金幢，所有人眾，
心有求者，悉皆得遂。幢上有字，以銀作之，名為七佛真幢，云々。

偈曰：認得心性時，可說不思議。了了無可得，得時不說知。師子比丘聞偈欣愜，然未曉將罹何難？祖乃密示之。言訖，現十八變而歸寂。闍維畢分舍利，各欲興塔。祖復現空中，而說偈曰：一法一切法，一切一法攝。吾身非有無，何分一切塔？大眾聞偈，遂不復分，就馱都場，而（建）塔焉。即後漢獻帝二十年己丑歲也。

馱都：山云：梵語，馱都。此云舍利。言就茶毘之場建塔也。

二十四祖師子比丘

中印度人也。姓婆羅門。得法遊方，至罽賓國云々。祖即謂婆舍斯多曰：吾師密有懸記，罹難非久，如來正法眼藏，今轉付汝，汝應保護，普潤來際。偈曰：正說知見時，知見俱是心。當心即知見，知見即于今。祖說偈已，以僧伽梨，密付斯多，俾之他國，隨機演化。斯多受教，直抵南天。祖謂難不可以

〔註36〕鄉：同「鄉」。

苟，免獨留罽賓。時本國有外道二人：一名摩目多，二名都落遮，學諸幻法，欲共謀亂。乃盜為釋子形象，潛入王宮。且曰：不成即罪歸佛子。妖既自作，禍亦旋踵王。果怒曰：吾素歸心三寶，何乃構害，一至于斯？即命破毀伽藍，袪除釋眾。又自秉劍至尊者所，問曰：師得蘊空否？祖曰：已得蘊空。王曰：離生死否？祖曰：已離生死。王曰：既離生死，可施我頭？祖云：身非我有，何悋於頭？王即揮刃，斷尊者首。白乳涌高數尺，王之右臂，旋亦墮地，七日而終。太子光首歎曰：我父何故，自取其禍？時有象白山仙人者，深明因果，即為光首廣宣宿因，解其疑網。〔事具聖胄集及《寶林傳》。〕遂以師子尊者，報體，而建塔焉。當魏齊王二十年己卯歲也。

一名摩目多，二名都落遮：《正宗記·師子傳》曰：其國果有兄弟二人者。兄曰摩目多，弟曰都落遮。相與隱山，學外道法。一旦都落遮所學先成。謂其兄曰：我將竊入王宮，作法殺王，以奪其國。兄曰：汝無誤事，致累吾族，及落遮入宮。遂易其徒，皆為僧形。云々。

《寶林傳》：《宝林傳》：尒時仙人告太子，此是先世業因，非今日造。尒時父王，於先世第五劫中，好為遮斋〔註37〕。此師子作一白衣，多聞知惠，領従者至會中，心生輕慢。與斋主言論，多有疏失，斋主應答，皆合大理，眾人皆笑〔註38〕，白衣密持毒藥，損此斋主。云々。

二十五祖婆舍斯多尊者

罽賓國人也。姓婆羅門，父寂行，母常安樂。初，母夢得神劍，因而有孕，既誕，拳左手。遇師子尊者顯發宿因，密授心印。後適南天，至中印度。云々。于時，祖忽面北合掌長吁曰：我師師子尊者，今日遇難，斯可慟焉。即辭王南邁，達于南天，潛隱山谷。時彼國王名天德，迎請供養。王有二子：一名德勝，凶暴而色力充盛；一名不如密多，和柔而長嬰疾苦。祖乃為陳因果，王即頓釋所疑。又有咒術師，忌祖之道，乃潛置毒藥于飲食中，祖知而食之，彼返受禍，遂投祖出家。祖即與授具。後六十載，德勝即位，復信外道，致難于祖。不如密多以進諫被囚。王遽問祖曰：予國素絕妖訛，師所傳

〔註37〕斋：同「齋」。
〔註38〕笑：字漫糊不清。

者,當是何宗?祖云:王國昔來實無邪法。我所得者,即是佛宗。王曰:佛滅已千二百載,師從誰得邪?祖曰:飲光大士親受佛印,展轉至二十四世師子尊者,我從彼得。王曰:予聞師子比丘不能免於刑戮,何能傳法後人?祖曰:我師難未起時,密授我信衣法偈,以顯師承。王曰:其衣何在?祖即於囊中出衣示王。王命焚之,五色相鮮,薪盡如故。王即追悔致禮。師子真嗣既明,乃赦密多。密多遂求出家。祖問曰:汝欲出家,當為何事?密多曰:我若出家不為其事。祖曰:不為何事?密多曰:不為俗事。祖云:當為何事?密多曰:當為佛事。祖云:太子智慧天至,必諸聖降迹。即許出家。六年侍奉,後於王宮受具。羯磨之際,大地震動,頗多靈異。祖乃命之曰:吾已衰朽,安可久留?汝當善護正法眼藏,普濟群有。聽吾偈曰:聖人說知見,當境無是非。我今悟真性,無道亦無理。不如密多聞偈,再啟祖云:法衣宜可傳授。祖曰:此衣為難故,假以證明;汝身無難,何假其衣?化被十方,人自信向。不如密多聞語,作禮而退。云々。

二十六祖不如密多尊者

南印度天德王之次子也。既受度得法,至東印度。彼王名堅固,奉外道師長爪梵志。暨尊者將至,王與梵志同覩白氣貫于上下。王曰:斯何瑞也?梵志預知祖入境,恐王遷善,乃曰:此是魔來之兆耳,何瑞之有?即鳩諸徒眾議曰:不如密多將入都城,誰能挫之?弟子:我等各有咒術,可以動天地,入水火,何患哉?祖至,先見宮牆有黑氣,乃曰:小難耳。直詣王所。王曰:師來何為?祖曰:將度眾生。王曰:以何法度?祖曰:各以其類度之。時梵志聞言,不勝其怒,即以幻法,化大山於祖頂上。祖指之,忽在彼眾頭上。梵志等怖懼投祖,祖愍其愚惑,再指之,化山隨滅。乃為王演說法要,俾趣真乘。謂王曰:此國當有聖人而繼於我。是時有婆羅門子,年二十許,幼失父母,不知名氏。或自言纓絡,故人謂之纓絡童子。遊行閭里,丐求度日,若常不輕之類。人問:汝行何急?即答曰:汝行何緩?或曰:何姓?乃曰:與汝同姓。莫知其故。後王與尊者,同車而出,見纓絡童子,稽首於前,祖曰:汝憶往事否?童曰:我念遠劫中,與師同居。師演摩訶般若,我轉甚深修多羅,今日之事,蓋契宿因。祖又謂王曰:此童子非他,即大勢至菩薩是也。此聖之後,復出二人:一人化南印度,一人緣在震旦。四五年內,卻返此方。遂以昔因故名般若多羅。付法眼藏,偈曰:真性心地藏,無頭亦無尾。應緣而化物,方便呼為智。云々。

四五年:山云:九年也。

二十七祖般若多羅尊者

東印度人也。既得法已，行化至南印度。彼王名香至，崇奉佛乘，尊重供養，度越倫等，又施無價寶珠。時王有三子：曰月淨多羅，曰功德多羅，曰菩提多羅。其季開〔註39〕士也。祖欲試其所得，乃以所施珠，問三王子曰：此珠圓明，有能及否？第一王子、第二王子皆曰：此珠七寶中尊，固無踰也。非尊者道力，孰能受之。第三王子曰：此是世寶，未足為上。於諸寶中，法寶為上。此是世光，未足為上。於諸光中，智光為上。此是世明，未足為上。於諸明中，心明為上。此珠光明，不能自照，要假智光。光辨於此，既辨此已，即知是珠。既知是珠，即明其寶。若明其寶，寶不自寶。若辨其珠，珠不自珠。珠不自珠者，要假智珠，而辨世珠。寶不自寶者，要假智寶，以明法寶。然則師有其道，其寶即現。眾生有道，心寶亦然。祖歎其辯慧，乃復問曰：於諸物中，何物無相？曰：於諸物中，不起無相（人我最高）。又問：於諸物中，何物最高？曰：於諸物中，人我最高。又問：於諸物中，何物最大？曰：於諸物中，法性最大。祖知是法嗣，以時尚未至，且默而混之。及香至王厭世，眾皆號絕。唯第三子菩提多羅於柩前入定。經七日而出乃求出家。既受具戒，祖告曰：如來以正法眼，付大迦葉，如是展轉，乃至於我。我今囑汝，聽吾偈云：心地生諸種，因事復生理。果滿菩提圓，華開世界起。尊者付法已，即於座上起立，舒左右手，各放光明，二十七道，五色光耀。又踊身虛空，高七多羅樹，化火自焚。空中舍利如雨，收以建塔，當宋孝武帝大明元年丁酉歲也。祖因東印度，國王請祖齋次，王乃問，諸人盡轉經，唯師為甚不轉。祖曰：貧道出息不隨眾緣，入息不居蘊界，常轉如是經百千万億卷，非但一卷兩卷。

柩：棺也。久也。久不復变也。在牀〔註40〕曰屍，在棺曰柩。

東土祖師

初祖菩提達磨大師

南天竺國，香至王第三子也。姓剎帝利，本名菩提多羅，後遇二十七祖般若多羅（至本國）受王供養，知師密迹，因試令與二兄辨所施寶珠，發明心要。既而尊者謂曰：汝於諸法，已得通量。夫達磨者，通大之義也。宜名達磨。因改號菩提達磨。祖乃告尊者云：我既得法，當往何國，而作佛事？願垂

〔註39〕開：字跡難辨。
〔註40〕牀：字跡難辨。

開示。尊者曰：汝雖得法，未可遠遊，且止南天。待吾滅後六十七載，當往震旦，設大法藥，直接上根。慎勿速行，衰於日下。祖又曰：彼有大士，堪為法器否？千載之下，有留難否？者云：汝所化之方，獲菩提者，不可勝數。吾滅後六十餘年，彼國有難，水中文布，自善降之。汝至時，南方勿住。彼唯好有為功業，不見佛理，汝縱到彼，亦不可久留。聽吾偈曰：路行跨水復逢羊，獨自栖栖暗渡江。日下可憐雙象馬，二株嫩桂久昌昌。又問曰：此後更有何事？者曰：從是已去，一百五十年，而有小難。聽吾讖曰：心中雖吉外頭凶〔註41〕，川下僧房名不中。為遇毒龍生武子，忽逢小鼠寂無窮。又問此後如何？者曰：卻後二百二十年，林下見一人，當得道果。聽吾讖曰：震旦雖闊無別路，要假兒孫腳下行。金雞解御〔註42〕一粒粟，供養十方羅漢僧。復演諸偈，皆預讖佛教隆替。〔事具《寶林傳》及《聖冑集》。〕

　　日下：山云：震旦也。

　　水中文布：山云：水中者，流也。文布者，支也。

　　路行跨水復逢羊：梁武衍雙行雙水，故云路行跨水。常不契，
祖師遂有路陽之遊〔註43〕。羊陽聲相近也。

　　雙象馬：梁魏二帝也。

　　至有相宗所，問曰：一切諸法，何名實相？彼眾中有一尊長薩婆羅，答曰：於諸相中，不互諸相，是名實相。祖曰：一切諸相，而不互者，若名實相，當何定邪？彼曰：於諸相中，實無有定，若定諸相，何名為實？祖曰：諸相不定便名實相。汝今不定，當何得之？彼曰：我言不定，不說諸相。當說諸相，其義亦然。祖曰：汝言不定，當為實相。定不定故，即非實相。彼曰：定既不定，即非實相。知我非故，不定不變。祖曰：汝今不變，何名實相？已變已往，其義亦然。彼曰：不變當在，在不在故，（故）變實相，以定其義。祖曰：實相不變，變即非實。於有無中，何名實相？薩婆羅心知聖師，懸解潛達，即以手指虛空曰：此是世間有相，亦能空故，當我此身，得似此否？祖曰：若解實相，即見非相。若了非相，其色亦然。當於色中，不失色體。於非相中，不礙有故。若能是解，此名實相。彼眾聞已，心意朗然，欽礼〔註44〕信受。祖瞥然匿跡。

〔註41〕頭凶：二字漫糊不清。

〔註42〕御：字漫糊不清。

〔註43〕遊：原文寫作「游」。

〔註44〕礼：同「禮」。

我言不定，不說諸相：或云：我所謂不定者於諸相中，不說不
定，然雖說諸相，其說不定也。一解云：我言不定，非不說諸相，
當說諸相，又不定故。

汝言不定，當為實相：夫實相者，元來非不定法，汝義或言定，
或言不定，是便不定。不定故，非實相理者也。或云：定不定者，
指上說諸相，與不說諸相之兩端矣。

至無相宗所問曰：汝言無相，當何證之？彼眾中有波羅提答曰：我明無
相，心不現故。祖曰：汝心不現，當何明之？彼曰：我明無相，心不取捨。當
於明時，亦無當者。祖曰：於諸有無，心不取捨。又無當者，諸明無故。彼
曰：入佛三昧，尚無所得，何況無相，而欲知之？祖曰：相既不知，誰云有
無？尚無所得，何名三昧？彼曰：我說不證，證無所證。非三昧故，我說三
昧。祖云：非三昧者，何當名之？汝既不證，非證何證？波羅提聞祖辯拆，
即悟本心，禮謝於祖，懺悔往謬。祖記曰：汝當得果，不久證之。此國有魔，
非久降之。言已，忽然不現。

拆：拆同析。音昔分也。《說文》從斤破木也。別作拆非也。

諸明無故：汝所謂皆盡無明底事。

神光自惟曰：昔人求道，敲骨取髓，刺血濟饑，布髮掩泥，投崖飼虎，云
云。

敲骨取髓：則常啼菩薩也。

刺血濟饑：則慈力王也。

布髮掩泥：則納摩仙人也。

投崖飼虎：則薩埵王子也。

尼揔持曰：我今所解，如慶喜見阿閦佛國，一見更不再見。祖曰：汝得
吾肉。

阿閦佛國：《摩訶般若》卷二十二：佛於大眾前，而現神足變
化。一切大眾皆見阿閦佛種種功德成就。佛攝神足，皆不復見。不
與眼作對。佛告阿難：一切法不與眼作對。法法不相見，法法不相
知。如阿閦佛國，亦如是，何以故？一切法無知無見，無作無動。
不可捉，不可思議。菩薩如是行，為行般若波羅蜜多。

偈曰：吾本來茲土，傳法救迷情。一花開五葉，結果自然成。

往禹門千聖寺止三日，有期城太守楊衒之，早慕佛乘，問祖曰：西天五印，師承為祖，其道如何？祖云：明佛心宗，行解相應，名之曰祖。又問：此外如何？祖曰：須（明）他心，知其今古，不厭有無。於法無取，不賢不愚，無迷無悟。若能是解，故稱為祖。又曰：弟子歸心三寶，亦有年矣，而智慧昏蒙，尚迷真理。適聽師言，罔知攸措。願師慈悲，開示宗旨。祖知懇到，即說偈曰：亦不覩惡而生嫌，亦不觀善而勤措。亦不捨智而近愚，亦不拋迷而就悟。達大道兮過量，通佛心兮出度。不與凡聖同躔，超然名之曰祖。衒之聞偈，悲喜交并。曰：願師久住世間，化導群有。祖曰：吾即逝矣，不可久留。根性万差，多逢患難。衒之曰：未審何人，弟子為師除得否？祖曰：吾以傳佛秘密，利益迷途，害彼自安，必無此理。衒之曰：師若不言，何表通變觀照之力？祖不獲已，乃為讖曰：江槎分玉浪，管炬開金鎖。五口相共行，九十無彼我。衒之聞語，莫究其端。默記于懷，禮辭而去。祖之所讖，雖當時不測，而後皆符驗。時魏氏奉釋，禪雋如林，光統律師，流支三藏者，乃僧中之鸞鳳也。覩師演道，斥相指心，每與師論義，是非蜂起。祖遐振玄風，普施法雨，而偏局之量，自不湛任，競起害心，數加毒藥。至第六度，以化緣已畢，傳法得人，遂不復救之，端居而逝。即魏文帝大統二年丙辰十月五日也。其年十二月二十八日，葬熊耳山。起塔於定林寺。云々。

江槎分玉浪，管炬開金鎖：山云：管炬，光也。或云：江槎，取流字。分玉浪，取支字。管，取統字。炬，取光字歟？抄云：管炬開金鎖，光統。光統者，帝都之所首〔註45〕。統都通音通義故也。

二祖慧可大師

付法偈曰：本來緣有地，因地種華生。本來無有種，花〔註46〕亦不曾生。祖付衣法已，又曰：汝受吾教，宜處深山，未可行化，當有國難。璨曰：師既預知，願垂示誨。祖曰：非吾知也。斯乃達磨傳《般若多羅懸記》云：心中雖吉，外頭凶是也。吾校年代，正在于汝。汝當諦思前言，勿罹世難。然吾亦有宿累，今要酬之。善去善行，俟時傳付。祖付囑已，即往鄴都，隨宜說法。一音演暢，四眾歸依。如是積三十四載，遂韜光混跡，變易儀相。或入諸酒肆，或過於屠門，或習街談，或隨廝役。人問之曰：師是道人，何故如是？祖云：

〔註45〕首：字迹潦草難辨，据字形句義确定。
〔註46〕花：同「華」。

我自調心，何關汝事？又於筦城縣匡救寺三門下，談無上道，聽者林會。時有辯和法師者，於寺中講《涅槃經》，學徒聞師闡法，稍稍引去。辯和不勝其憤，與謗于邑宰翟仲侃。翟惑其邪說，加祖以非法，祖怡然委順，識真者謂之償債。時年一百七歲，即隋文帝開皇十三年癸丑歲三月十六日也。葬磁州滏陽縣東北七十里。唐德宗諡大祖禪師。

> 翟仲侃：法琳撰師碑云：翟仲侃，生前為牛，御者恚其喘而斃
> 之。牛，今邑宰也。御者，師焉，宿敵當酬爾。

皓月供奉問長沙岑和尚，古德云：了即業障本來空，未了應須償宿債。只（如）師子尊者、二祖大師為甚（麼）得償債去？沙云：大德不識本來空。月曰：如何是本來空？沙云：業障是。曰：如何是業障？沙云：本來空是。月無語。沙以偈示之曰：假有元非有，假滅亦非無。涅槃償債義，一性更無殊。

三祖僧璨大師

不知何許人也？初以白衣謁二祖。既受度傳法，隱於〔註47〕舒州之皖公山。屬後周武帝破滅佛法，祖往來太湖縣司空山，居無常処。積十餘歲（載），時人無能知者。至隋開皇十二年壬子歲，有沙彌道信年始十四，來禮祖曰：願和尚慈悲，（乞）與解脫法門。祖云：誰縛汝？曰：無人縛。祖曰：何更求解脫乎？信於言下大悟。服勞九載，後於吉州受戒。侍奉尤謹。祖屢試以玄微。知其緣熟，乃付衣法。偈曰：華種雖因地，從地種華生。若無人下種，華地盡無生。祖又曰：昔可大師付吾法，後往鄴都行化，三十年方終。今吾得汝。何滯此乎？即適羅浮山，優游二載。即（卻）還舊址，逾月士民奔趨，大設檀供。祖為四眾廣宣心要訖。於法會大樹下，合掌立終。即隋煬帝大業二年丙寅十月十五日也。唐玄宗諡鑑智禪師，覺寂之塔。

師信心銘中，但莫憎愛，洞然明白。

> 憎愛：厭生死，慕涅槃。捨煩惱，赴菩提等也。

唯滯兩邊，寧知一種。

> 兩邊：動靜二相也。

一種不通，兩處失功。

> 兩處：空有也。

〔註47〕於：字漫漶不清。

須臾返照，勝卻前空。

> 前空：缺〔註48〕。

二見不住，慎莫追尋。

> 二見：空妄之二見也。

二由一有，一亦莫守。

> 二由一有：二者，真妄也。一者，自心也。

能由境滅，境逐能沈。

> 能由境滅：能者，一心也。境者，諸法也。境滅則，能滅之心
> 亦滅，心空則，所現之境亦沈也。

欲知兩段，元是一空。

> 兩段：心法也。

繫念乖真，昏沈不好。

> 繫念乖真：由繫念乖真既乖空，即勞神，以勞神必疎親。

不好勞神，何用疎親？

> 不好勞神〔註49〕：你要成佛，是將心用心。要作祖，是將心用心。

法無異法，妄自愛著。

> 法無異法：言青青翠竹無非般若，鬱鬱黃華盡真如。不了此者，
> 著佛著法也。

四祖道信大師

姓司馬氏。世居河內，後徙於蘄州廣濟縣。生而超異。幼慕空宗，諸解
脫門，宛如宿習。既嗣祖風，攝心無寐，脅不至席者僅六十年。隋大業十三
載，領徒眾抵吉州。值群盜圍城，七旬不解，萬眾惶怖。祖愍之，教令念摩訶
般若。時賊眾望雉堞間，若有神兵。乃相謂曰：城內必有異人。不可攻矣。稍
稍引去。唐武德甲申歲，師卻返蘄春，住破頭山。學侶雲臻。一日往黃梅縣，
路逢一小兒。骨相奇秀，異乎常童。祖問曰：子何姓？答曰：姓即有，不是常
姓。祖云：是何姓？答云：是佛性。祖云：汝無姓邪？答云：性空故無。祖默
識其法器。即俾侍者，至其母所，乞令出家。母以宿緣故，殊無難色。遂捨為
弟子。以至付法傳衣。偈云：華種有生性，因地華生生。大緣與性合，當生生
不生。云々。壽七十有二。

〔註48〕缺：注者所加。
〔註49〕不好勞神：注者所加。

五祖弘忍大師

蘄州黃梅人也。先為破頭山中栽松道者。嘗請於四祖云：法道可得聞乎？祖云：汝已老。脫有聞，其能廣化邪？儻若再來，吾尚可遲汝。云々。

> 嘗請於四祖云：僧史補云。四祖道信禪師云々，至濁港，見女
> 子浣。呼曰：我託宿得否？女曰：我家具有父兄，可從，問之。僧
> 云：汝諾我乎？女曰：諾。女周氏之季也。云々。見石門文字禪。

令處士盧珍繪楞伽變相，云々。

> 楞伽變相：佛在楞伽山為龍眾鬼類說法。此法會，皆鬼神也。
> 故曰之變相也。

傳盧行者付法偈，有情來下種，因地果還生。無情既無種，無性亦無生。

六祖慧能大師

俗姓盧氏，其先范陽人。父行瑫，武德中，左官于南海之新州，遂占籍焉。三歲喪父。其母守志鞠養。及長，家尤貧窶。師樵採以給。一日負薪至市中。聞客讀《金剛經》，至應無所住而生其心，有所感悟。而問客曰：此（何）法也？得於何人？客曰：此名金剛經。得於黃梅忍大師。祖（遽）告其母，以為法尋師之意。直抵韶州，遇高力士劉志略，結為交友。尼無盡藏者，即志略之姑也。常讀《涅槃經》。師暫聽之，即為解說其義。尼遂執卷問字。祖曰：字即不識，義即請問。尼曰：字尚不識，曷能會義？祖曰：諸佛妙理，非關文字。尼驚異之。告鄉里耆艾曰：能是有道之人。宜請供養。於是居人競來瞻禮。近有宝林古寺舊地。眾議營緝，俾祖居之。四眾霧集，俄成宝坊。祖一日忽自念曰：我求大法。豈可中道而止？明日遂行。至昌樂懸（縣）西山石室間，遇智遠禪師。祖遂請益。遠曰：觀子神姿爽拔，殆非常人。吾聞西域菩提達磨，傳心印於黃梅。汝當往彼參決。祖辭去，直造黃梅之東山。（即）唐咸亨二年也。忍大師一見，默而識之。後傳衣法，令隱于懷集、四會之間。

> 懷集四會：懷集懸（縣），四會懸（縣）也。懷集縣在廣州，四
> 會縣在肇德府。

至儀鳳元年丙子正月八日，屆南海。遇印宗法師於法性寺講《涅槃經》。祖寓止廊廡間。暮夜風颺剎幡。聞二僧對論，一曰幡動，一曰風動。往復酬答，曾未契理。祖曰：可容流俗（俗流）輒預高論否？直以風幡非動，動自心耳。印宗竊聆此語，竦然異之。明日邀祖入室，徵風幡之義。祖具以理告。印

宗不覺起立曰：行者定非常人。師為是誰？祖更無所隱，直敘得法因由。於
是印宗執弟子之禮，請授禪要。乃告四眾曰：印宗具足凡夫。今遇肉身菩薩。
乃指座下盧居士曰：即此是也。因請出所傳信衣，悉令瞻禮。至正月十五日，
會諸名德為之剃髮。二月八日，就法性寺智光律師授滿分戒。其戒壇即宋朝
求那跋陀三藏之所置也。三藏記曰：後當有肉身菩薩，在此壇受戒。又梁末
真諦三藏於壇之側，手植二菩提樹，謂眾曰：卻後一百二十年，有大開士，於
此樹下，演無上乘，度無量眾。祖具戒已，於此樹下，開東山法門。宛如宿
契。云云。先天元年，告諸四眾曰：吾忝受忍大師衣法，今為汝等說法，不付
其衣，蓋汝等信根淳熟，決定不疑，堪忍大事。聽吾偈曰：心地含諸種，普雨
悉皆生。頓悟華情已，菩提果自成。說偈已，復曰：其法無二，其心亦然。其
道清淨，亦無諸相。汝等慎勿觀淨，及空其心。此心本淨，無可取捨。各自努
力，隨緣好去。嘗有僧舉臥輪禪師偈曰：臥輪有伎倆，能斷百思想。對境心
不起，菩提日日長。祖聞之曰：此偈未明心地。若依而行之，是加繫縛。因示
一偈云：慧能沒伎倆，不斷百思想。對境心數起，菩提作麼長？

　　先天二年七月一日，謂門人云：吾欲歸新州。汝速理舟楫。時大眾哀慕，
乞師且住。祖曰：諸佛出現，猶示涅槃。有來必去，理亦常然。吾此形骸，歸
必有所。眾曰：師從此去，早晚卻回。祖曰：葉落歸根，來時無口。又問：師
之法眼，何人傳受？祖云：有道者得，無心者通。又問：後莫有難否？祖云：
吾滅後五六年，當有一人來取吾首。聽吾記曰：頭上養親，口裏須飧。遇滿
之難，楊柳為官。又曰：吾去七十年，有二菩薩從東方來：一在家，一出家。
同時興化，建立吾宗，締緝伽藍，昌隆法嗣。言訖往新州國恩寺，沐浴跏趺而
化。異香襲人，白虹屬地。即其年八月三日也。

　　　頭上養親：淨滿詐謀，如喪父母孝子，著白帽而入曹溪寺也。
　　　二菩薩：山云：恐言黃檗裴休。尤不一定也。
　　塔中有達磨所傳信衣。
　　　達磨所傳信衣：唐肅宗上元初，降詔請衣入內供養，凡六年。
　　至永泰初三月五日夜，代宗夢能大師請衣卻歸曹溪。至七日，命中
　　使楊崇景奉而置之。

《五燈拔萃》卷二

《五燈會元》卷第二

四祖大醫禪師旁出法嗣

牛頭山法融章

潤州延陵人也。姓韋氏。年十九學通經史。尋閱《大部般若》，曉達真空。忽一日歎曰：儒道世典非究竟法。般若正觀出世舟航。遂隱茅山，投師落髮。後入牛頭山幽棲寺北巖之石室。有百鳥銜華之異。

> 《大部般若》：舊譯《大品般若》等也。法融，高宗顯慶二年示
> 滅。新譯《大般若》，顯慶四年，以坊州玉華宮為寺，命玄奘三藏居
> 之，譯成六百卷也。

唐貞觀中，四祖遙觀氣象，知彼山有奇異之人。乃躬自尋訪，問寺僧：此間有道人否？曰：出家兒那箇不是道人？祖曰：阿那箇是道人？僧無對。別僧曰：此去山中十里許，有一懶融。見人不起，亦不合掌。莫是道人麼？祖遂入山，見師端坐自若。曾無所顧。祖問曰：在此作甚麼？師云：觀心。祖曰：觀是何人？心是何物？師無對。便起作禮曰：大德高棲何所？祖曰：貧道不決所止。或東或西。師云：還識道信禪師否？祖云：何以問他？師曰：嚮德滋久，冀一禮謁。祖曰：道信禪師貧道是也。師曰：因何降此？祖云：特來相訪。莫更有宴息之所否？師指後面曰：別有小庵。遂引祖至庵所。遶庵唯見虎狼之類。祖乃舉兩手作怖勢。師曰：猶有這箇在。祖曰：這箇是甚麼？師無語。少選祖卻於師宴坐石上，書一佛字。師覩之竦然。祖曰：猶有這箇在。師未曉。乃稽首請說真要。祖曰：夫百千法門，同歸方寸。河沙妙德，總在心源。一切戒門，定門慧門，神通變化，悉自具足，不離汝心。一切煩惱業障，本來空寂。一切因果，皆如夢幻。無三界可出，無菩提可求。人與非人，性相平等。大道虛曠，絕思絕慮。如是之法，汝今已得，更無闕少。與佛何殊？更無別法。汝但任心自在。莫作觀行，亦莫澄心，莫起貪嗔，莫懷愁慮。蕩蕩無礙，任意縱橫。不作諸善，不作諸惡。行住坐臥，觸目遇緣，總是佛之（妙）用。快樂無憂。故名為佛。師曰：心既具足，何者是佛，何者是心？祖曰：非心不問佛，問佛非不心。師曰：既不許作觀行，於境起時，心如何對治？祖曰：境緣無好醜。好醜起於心。心若不強名，妄情從何起？妄情既不起，真心任徧知。汝但隨心自在，無復（對）治，即名常住法身。無有變異。

吾受璨大師頓教法門。今付於汝。汝今諦受吾言，只住此山。向後當有五人達者，紹汝玄化。祖付法訖，遂返雙峰終老。師自爾法席大盛。唐永徽中，徒眾乏糧。師往丹陽緣化。去山八十里，躬負米一石八斗，朝往暮還。供僧三百，二時不闕。三年，邑宰蕭元善請於建初寺，講《大般若經》，聽者雲集。至《滅靜品》，地為之震動。講罷歸山。博陵王問師曰：境緣色發時，不言緣色起。云何得知緣，乃欲息其起？師曰：境色初發時，色境二性空。本無知緣者，心量與知同。照本發非發，爾時起自息。抱暗生覺緣，心時緣不逐。至如未生前，色心非養育。從空本無念，想受言念生。起發未曾起，豈用佛教令？問曰：閉目不見色，境慮乃便多。色既不關心，境從何處發〔註1〕？師云：閉目不見色，內心動慮多。幻識假成用，起名終不過。知色不關心，心亦不關人。隨行有相轉，鳥去空中真。

境緣色：境緣色之境者，非六塵之謂也。指心所之心也。

博陵王：此人無傳記，故不知誰人。想是太宗高宗之子，而封此郡者歟？

心量與知同：山云：心乃八識也。集起心也。量，乃七識也。

思量名意也。知乃六識也。了別名識也。

問曰：境起無處所，緣覺了知生？境謝覺還轉，覺乃変為境。若以心，曳心還為覺所覺。從之隨隨去，不離生滅際。師云：色心前後中，實無緣起境。一念自疑忘，誰能計動靜。此知自無知，知知緣不會。當自檢本形，何須求域外。前境不変謝，後念不來今。求月執玄影，討跡逐飛禽。欲知心本性，還如視夢裏。譬之六月冰，處處皆相似。避空終不脫，求空復不成。借問鏡中像，心從何（處）生。問曰：恰恰用心時，若為安隱好？師云：恰恰用心時，恰恰無心用。曲譚名相勞，直說無繁重。無心恰恰用，常用恰恰無。今說無心處，不與有心殊。

色心前後中，實無緣起境：或抄云：前後，則過去未來之境也。

中，則當體也。六識緣過去未來，七識緣當體。

恰恰：無間斷貌。山云：明義也。又緊密用心也。又適當之辭。

問曰：智者引妙言，與心相會當？言與心路別，合則万倍乖。師云：方便說妙言，破病大乘道。非關本性譚。還從空化。造無念為真常，終當絕心

〔註1〕発：同「發」。

路。離念性不動，生滅無乖悞。谷響既有聲，鏡像能回顧。問曰：行者體境有，因覺知境亡？前覺與及後覺，并境有三心。師云：境用非體覺，覺罷不應思。（因覺知境亡，）覺時境不起。前覺與後覺，并境有三遲。

　　　　前覺：體境有底覺也。

　　　　後覺：知境亡底覺也。

　　　　并境有三遲：山云：遲者，滯也。言遲〔註2〕滯不能通融為一也。

　　問曰：住定俱不轉，將為正三昧？諸業不能牽，不知細無明，徐徐躡其後。師曰：復聞別有人，虛執起心量。三中事不成，不轉還虛妄。心為正受縛，為之淨業障。心塵萬分一，不了說無明。細細習因起，徐徐名相生。風來波浪轉，欲靜水還平。更欲前途說，恐畏後心驚。無念大獸吼，性空下霜雹。星散穢草摧，縱橫飛鳥落。五道定紛綸，四魔不前卻。既如猛火燎，還如利劍斫。

　　　　三中事不成：三中者，前覺，後覺，并境也。不成者，不覺也。

　　　　無念大獸吼：言自無念處動轉也。或曰：自無念至劍斫，皆是牛頭宗本分舉揚也。

　　　　虛執起心量：虛執底人，妄起心量，為正受所繫縛，還為淨業障。業障有二種，染業障，淨業障。

　　　　星飛穢草摧：穢草摧殘而敷地貌。言霜雹降故，穢草摧碎，大獸吼故，飛鳥紛落也。妄說無念底，如大獸吼，其可畏怖。又談性空底，碧天降霜雹，其勢可知。

　　問曰：賴覺知万法，万法本來然？若假照用心，只得照用心，不應心裏事。師曰：賴覺知万法，万法終無賴。若假照用心，應不在心外。

　　　　賴覺知万法，万法本來然：言覓知万法，長者長法身，短者短法身，物物現成，頭頭顯露。若假照用心，取捨差別，不與本心裏事相應也。

　　問曰：隨隨無揀擇，明心不現前？復慮心闇昧，在心用功行，智障復難除。師曰：有此不可有，尋此不可尋。無揀即真擇，得闇出明心。慮者心冥昧，存心託功行。可論智障難。至佛方為病。問曰：折中消息間，實亦難安怗？自非用行人，此難終難見。師曰：折中欲消息，消息非難易。先觀心所心，次推智中智。第三照推者，第四通無記，第五解脫名，第六等真偽，第七

─────────────

〔註2〕遲：字潦草難辨。

知法本，第八慈無為，第九偏空陰，第十雲雨被。最盡彼無覺，無明生本智。鏡像現三業，幻人化四衢。不住空邊盡，當照有中無。不出空有內，未將空有俱。號之名折中，折中非言說。安怗無處安，用行何能決？

　　　折中消息間：折中道也。畢竟折中履踐處，實難安怗。

　　　不住空邊盡：不住空理之謂也。

　　問曰：別有一種人，善解空無相？口言定亂一，復道有中無。同證用常寂，知覺寂常用。用心會真理，復言用無用。智慧方便多，言亂與理合。如如理自如，不由識心會。既知心會非，心心復相泯。如是難知法，永劫不能知。同此用心人，法所不能化。師曰：別有證空者，還如前偈論。行空守寂滅，識見暫時翻。會真是心量，終知未了原。又說息心用，多智疑相似。良由性不明，求空且勞已。永劫住幽識，抱相都不知。放光便動地，於彼欲何為？

　　　別有一種人，善解空無相：真法之談上段猶別段一問。又重參究，是實博陵之微旨也。凡佛法中空見尤多故，致此空問。一種人者，博陵王託一種人，呈見解也。

　　　永劫住幽識，抱相都不知。放光便動地，於彼欲何為：幽識，無明也。言若抱名相者，直饒動地放光，有何益乎〔註3〕？

　　　息心用：上偈所謂之用無用也。

　　問曰：前件看心者，復有羅穀難？師曰：看心有羅穀。幻心何待？況無幻心者。從容下口難。問曰：久有大基業，心路差互間？得覺微細障，即達於真際。自非善巧師，無能決此理。仰惟我大師，當為開要門。引導用心者，不令失正道。師曰：法性本基業，夢境成差互。實相微細身，色心常不悟。忽逢混沌士，哀怨愍群生。託疑廣設問，抱理內常明。生死幽徑徹，毀譽心不驚。野老顯分答，法相愧來儀。蒙發群生藥，還如色性為。顯慶元年，邑宰蕭元善，請住建初。師辭不獲免。遂命入室上首智巖付囑法印，令以次傳授。將下山，謂眾曰：吾不復踐此山矣。時鳥獸哀號，踰月不止。庵前有四大桐樹。仲夏之月忽自凋落。明年正月二十三日，不疾而逝，窆于雞籠山。

　　　大基業：大法基業也。

　　　混沌士：言指王為本分人，故云混沌士。

〔註3〕益乎：字跡漫漶不清，疑是。

　　野老：融禪師謙辭也。

　　同此用心人，法所不能化：言如此用心底，縱是佛教不能轉化。

　　生死幽徑微：透脫生死之謂也。

　　蒙發羣生藥，還如色性為：言博陵王所談不徒然，色法如是豈
強言乎？今蒙發於群萠之問：故一一酬之？蓋蒙發藥之道，如色性
本然之作為也。

威禪師法嗣

牛頭山慧忠章

　　師平生一衲不易，器用唯一鐺。嘗有供僧穀兩廩，盜者窺伺，虎為守之。
縣令張遜者，山王頂謁問：師有何徒弟？師曰：有三五人。遜曰：如何得見？
師敲禪牀，有三虎哮吼而出。遜驚怖而退。

　　　　頂謁：山云：頂禮也。

　　大曆三年石室前挂鐺樹，挂衣藤忽盛夏枯死。四年六月十五日，集僧布
薩訖，命侍者淨髮浴身。至夜有瑞雲覆其精舍，空中復聞天樂之聲。詰旦，
怡然坐化。

　　　　布薩：梵語，此我對說，謂相向說罪也。舊云：淨住者義翻也。

宣州安國寺玄挺章

　　初參威禪師，侍立次，有講《華嚴》僧，問：真性緣起，其義如何？威
良久，師遽召曰：大德，正興一念問時，是真性中緣起。其僧言下大悟。或
問：南宗自何而立？曰：心宗非南北。

　　　　真性緣起：法相宗說，真如一向凝然不變，故無性起義。華嚴
　　　　宗說，真性洞然靈明，全體即之，故法爾常為萬法，法爾常自寂然。
　　　　《俱舍》云：業緣起，謂一切事自業起也。三論云：妄緣起，謂一
　　　　切事自妄起也。天台云：真如緣起，謂一切事自真如起。《華嚴》云：
　　　　性緣起，謂一切事自真性起。是則，四種緣起也。

金陵牛頭山忠禪師法嗣

天台山佛窟巖惟則章

　　僧問：如何是那羅延箭？師曰：中的也。

　　　　那羅延：此云堅固力士名也。

鶴林素禪師法嗣

杭州徑山道欽章

杭州徑山道欽禪師者，蘇州崑山人也。姓朱氏。初服膺儒教。

> 服膺：《爾雅》：服，行事也。膺，身親也。謂親承服事，習道業也。

僧問：如何是道？師曰：山上有鯉魚，海底有蓬塵。

> 蓬塵：《博物志》曰：徐州人，謂塵為蓬塊。

四祖下八世

佛窟巖則禪師法嗣

天台山雲居智章

嘗有華嚴院僧繼宗問：見性成佛，其義云何？師曰：清淨之性，本來湛然。無有動搖，不屬有無淨穢，長短取捨，體自翛然。如是明見，乃名見性。性即佛，佛即性。故曰見性成佛。曰：性既清淨，不屬有無，因何有見？師曰：見無所見。曰：既無所見，何更有見？師云：見處亦無。曰：如是見時，是誰之見？師云：無有能見者。曰：究竟其理如何？師云：汝知否？妄計為有，即有能所，乃得名迷。隨見生解，便墮生死。明見之人即不然。終日見，未嘗見。求見（名）處體相不可得，能所俱絕，名為見性。曰：此性遍一切處否？師云：無處不遍。曰：凡夫具否？師云上言無處不遍，豈凡夫而不具乎？曰：因何諸佛菩薩，不被生死所拘，而凡夫獨縈此苦。何曾得遍？師云：凡夫於清淨性中，計有能所，即墮生死。諸佛大士，善知清淨性中，不屬有無，即能所不立。曰：若如是說，即有能了不了人。師云：了尚不可得，豈有能了人乎？曰：至理如何？師云：我以要言之，汝即應念，清淨性中，無有凡聖，亦無了不了人。凡之與聖，二俱是名。若隨名生解，即墮生死。若知假名不實，即無有當名者。又曰：此是極究竟處。若云我能了，彼不能了，即是大病。見有淨穢，凡聖，亦是大病。作無凡聖解，又屬撥無因果。見有清淨性可棲止，亦大病。作不棲止解，亦大病。然清淨性中，雖無動搖，具不壞方便應用，及興慈運悲，如是興運之處，即全清淨之性，可謂見性成佛矣。繼宗踊躍禮謝而退。

> 體自翛然：翛然者，往來不難之貌。又云：隨之之意也。

> 不壞方便：清淨而趣化門，謂之不壞方便，即隨緣逢境度生也。

五祖大滿禪師法嗣

北宗神秀章

北宗神秀：諡大通禪師。

耶舍三藏誌曰：艮地生玄旨，通尊媚亦尊，比肩三九族，足下一毛分。

艮地生玄旨：釋名識曰：艮地，東北方也。神秀於五祖下，別
出一枝於北宗也。生玄旨乃宗字也。

通尊：國賜大通之號也。

媚：亦秀也。

三九族：秀下相承一十二人。

足下：五祖下也，一毛分號北宗也。

通尊：山云：大通也。媚秀字也。亦尊，乃大通禪師也。

神龍二年於東都天宮寺入滅，諡大通禪師。羽儀法物，送殯於龍門，帝
送至橋，王公士庶皆至葬所。

羽儀法物：言帝者儀從物也。車輿旌旗也。羽儀者，旌旗之類，
以鳥羽為之。老子經，法物滋彰。注，法好也，珍好之物也。

嵩嶽慧安國師章

耶舍三藏誌云：九女出人倫，八女絕婚姻，朽牀添六腳，心祖眾中尊。
荊州枝江人也。

九女：山曰：少室也。嵩少，安所居也。

出人倫：難比類也。絕婚姻乃出人倫之儀也。

八女：為安女也。朽牀老安也。六腳安之甚也。

眾中尊：則天禮為國師也。

五祖下二世

北宗秀禪師法嗣

河中府中條山智封章

衛文昇建安國院居之。緇素歸依，憧憧不絕。使君問曰：某今日後如何？
師云：日從濛汜出，照樹全無影。使君初不能諭，拱揖而退。少選開曉，釋然
自得。

憧憧：往來不絕貌。憧尺容反。

日從濛汜出，照樹全無影：山云：說不得。恐有識意，亦難曉。

或曰：照樹何無影？此是打翻而言，上下一意也。濛汜，水名，日
入處也。

嵩嶽元珪章

謁安國師，頓悟玄旨，遂卜廬於嶽之龐塢。一日，有異人峨冠袴褶而至，
從者極多。輕步舒徐，稱謁大師。師覩其形貌，奇偉非常，乃諭之曰：善來
仁者，胡為而至。彼曰：師寧識我邪？師云：吾觀佛與眾生等，吾一目之，豈
分別邪？彼曰：我此嶽神也。能生死於人，師安得一目我哉？師云：吾本不
生，汝焉能死？吾視身與空等，視吾與汝等，汝能壞空與汝乎？苟能壞空及
汝，吾則不生不滅也。汝尚不能如是，又焉能生死吾邪？神稽首云：我亦聰
明正直於餘神，詎知師有廣大之智辯乎？願授以正戒，令我度世。師云：汝
既乞戒，即既戒也。所以者何？戒外無戒，又何戒哉？神曰：此理也，我聞茫
昧，止求師戒，我身為門弟子。師即為張座，秉爐正几曰：付汝五戒，若能奉
持，即應曰能，不能即曰否？曰：謹受教。師曰：汝能不婬乎？曰：我亦娶
也。師曰：非謂此也，謂無羅欲也。曰：能。師曰：汝能不盜乎？曰：何乏我
也，焉有盜取哉？師云：非謂此也，謂饗而福淫，不供而禍善。曰：能。師
曰：汝能不殺乎？曰：實司其柄，焉曰不殺。師曰：非謂此也，謂有濫誤疑混
也。曰：能。師曰：汝能不妄乎？曰：我正直，焉有妄乎？師云：非謂此也，
謂先後不合天心也。曰：能。師曰：汝不遭酒敗乎？曰：能。師云：如上是為
佛戒也。又言：以有心奉持，而無心拘執，以有心為物，而無心想身。能如是
則，先天地生不為精，後天地死，不為老，終日變化，而不為動，畢盡寂默，
而不為休。信此則雖娶非妻也，雖饗非取也，雖柄非權也，雖作非故也。雖醉
非惛也。若能無心於萬物，則羅欲不為婬，福淫禍善，不為盜，濫誤疑混，不
為殺，先後違天，不為妄，惛荒顛倒，不為醉，是謂無心也。無心則無戒，無
戒則無心。無佛無眾生，無汝及無我，孰為戒哉。神曰：我神通亞佛。師曰：
汝神通十句五能，五不能。佛則十句七能三不能。神悚然避席跪啟曰：可得
聞乎？師云：汝能庱上帝，東天行，而西七曜乎？曰：不能。師云：汝能奪
地，祇融五嶽，而結四海乎？曰：不能。師曰：是謂五不能也。佛能空一切
相，成萬法智，而不能即滅定業。佛能知，群有性，窮億劫事，而不能化導無
緣。佛能度無量有情，而不能盡眾生界。是為三不能也。定業亦不牢久，無

緣亦是一期。眾生界本無增減，亙無一人能主其法。有法無主，是謂無法。無法無主，是謂無心。如我解，佛亦無神通也。但能以無心，通達一切法爾。神曰：我誠淺昧，未聞空義。師所授戒，我當奉行。今願報慈德，効我所能。師云：吾觀身無物，觀法無常，塊然更有何欲邪？神曰：師必命我，為世間事，展我小神功。使已發心，初發心，未發心，不信心，必信心，五等人，目我神蹤，知有佛有神，有能有不能，有自然有非自然者。師曰：無為是，無為是。神曰：佛亦使神護法，師寧纝毀叛佛邪？願隨意垂誨。師不得已而言曰：東巖寺之障，莽然無樹，北岫有之，而背非屏擁。汝能移北樹於東嶺乎？神曰：已聞命矣。然昏夜必有喧動，願師無駭。即作禮辭去。師門送而且觀之。見儀衛逶，迆如王者之狀。嵐靄煙霞，紛綸間錯，幢幡環珮，凌空隱沒焉。其夕果有暴風吼雷，奔雲掣電，棟宇搖蕩，宿鳥聲喧。師謂眾曰：無怖，無怖。神與我契矣。詰旦和霽，則北巖松栝，盡移東嶺，森然行植。師謂其徒云：吾沒後，無令外知，若為口實，人將妖我。以開元四年丙辰歲，囑門人曰：吾始居寺東嶺，吾滅汝必瘞吾骸于彼。言訖若委蛻焉。

> 羅欲：邪婬也。非自妻妾曰邪。

> 不合天心：言雖正直，先後時節，乃兆也。《晉天文志》曰：月本東行，天西旋入于海，牽之以西，如蟻行磨上，磨左旋，蟻右行，磨疾蟻遲不得〔註4〕不西。

> 三不能：山云：神佛三不能，與今二不能，曰五也。二不能者，戾上帝與奪地祇也。

> 逶迆：與委蛇同。自得貌也。杜順左傳注曰：順貌。言人臣自公門入私門，無不順禮，從禮也。

五祖下四世

益州無相禪師法嗣

益州保唐寺無住章

唐相國杜鴻漸出撫坤維，聞師名，思一瞻禮，遣使到山延請。時節度使崔寧亦命諸寺僧徒遠出，迎引至空慧寺。

> 坤維：西南也。

〔註4〕得：字潦草。

六祖大鑒禪師旁出法嗣

西域崛多三藏：天竺人也。於六祖言下大悟。

遍擔山曉了章

禪師者，傳記不載。唯北宗門人，忽雷澄禪師，撰塔碑盛行于世。其略曰：師住遍擔山，號曉了，六祖之嫡嗣也。師得無心，之心了無相，之相無相，者森羅眩目，無心者分別熾然。絕一言一響，響莫可傳，傳之行矣。言莫可窮，窮之非矣。師得無無之無，不無於無也。吾今以有有之有，不有於有也。不有，之有去來非增。不無之無，涅槃非滅。嗚呼！師住世兮曹谿明，師寂滅兮法舟傾。師譚無說兮寰宇盈，師示迷徒兮了義乘。遍擔山色垂茲色，空谷猶留曉了名。

忽雷澄：山云：姓忽，雷澄名也。或曰：忽雷名，澄姓也。

傳之行矣：山云：蹉過之貌也。

江西志徹章

姓張氏，名行昌。少任俠。自南北分化，二宗主雖亡彼我，而徒侶競起愛憎。時北宗門人，自立秀禪師為第六祖，而忌大鑒傳衣，為天下所聞。然祖預知其事，即置金十兩於方丈，時行昌受北宗門人之囑，懷刃入祖室，將加害。祖舒頸而就，行昌揮刃者三，都無所損。祖曰：正劍不邪，邪劍不正。只負汝金，不負汝命。行昌驚仆，久而方蘇，求哀悔過，即願出家。祖遂與金曰：汝且去。恐徒眾翻害於汝，汝可他日易形而來，吾當攝受。行昌稟旨宵遁，投僧出家，具戒精進。一日憶祖之言，遠來禮覲。祖云：吾久念於汝，汝來何晚？曰：昨蒙和尚捨罪，今雖出家苦行，終難報於深恩。其唯傳法度生乎？弟子嘗覽《涅槃經》，未曉常無常義，乞和尚慈悲，略為宣說。祖曰無常者，即佛性也。有常者，即善惡一切諸法分別心也。曰：和尚所說，大違經文。祖曰：吾傳佛心印，安敢違於佛經？曰：經說佛性是常，和尚卻言無常。善惡諸法乃至菩提心，皆是無常，和尚卻言是常。此即相違，令學人轉加疑惑。祖云：《涅槃經》，吾昔者聽尼無盡藏讀誦一遍，便為講說，無一字一義，不合經文，乃至為汝，終無二說。曰：學人識量淺昧，願和尚委曲開示。祖曰：汝知否？佛性若常，更說甚麼善惡諸法，乃至窮劫，無有一人發菩提心者。故吾說無常，正是佛說真常之道也。又一切諸法若無常心者，即物物皆有自性，容受生死，而真常性，有不遍之處。故吾說常者，正是佛說真無常義

也。佛比為凡夫外道執於邪常，諸二乘人，於常計無常，共成八倒，故於涅槃
了義教中，破彼偏見，而顯說真常真樂真我真淨。汝今依言背義，以斷滅無
常，及確定死常，而錯解佛之圓妙，最後微言，縱覽千遍，有何所益？行昌忽
如醉醒，乃說偈曰：因守無常心，佛演有常性。不知方便者，猶春池拾礫。我
今不施功，佛性而見前。非師相授與，我亦無所得。祖云：汝今徹也，宜名志
徹。師禮謝而去。

> 《涅槃經》：無常計常，無樂計樂，無我計我，不淨計淨，淨計
> 不淨，我計無我樂，計無樂常計無常，謂之八倒。

廣州志道章

初參六祖，問云：學人自出家，覽《涅槃經》，僅十餘載，未明大意，願和
尚垂誨。祖云：汝何處未了？對曰：諸行無常，是生滅法。生滅滅已，寂滅為
樂。於此疑惑。祖曰：汝作麼生疑？對曰：一切眾生，皆有二身，謂色身法身
也。色身無常，有生有滅。法身有常，無知無覺。經云生滅滅已，寂滅為樂。
者未審是何身寂滅，何身受樂，若色身者，色身滅時，四大分散，全是苦，苦
不可言樂。若法身寂滅，即同草木瓦石，誰當受樂，又法性是生滅之體，五蘊
是生滅之用。一體五用，生滅是常。生則從體起用，滅則攝用歸體。若聽更生，
即有情之類，不斷不滅。若不聽更生，即永歸寂滅，同於無情之物。如是則一
切諸法，被涅槃之所禁伏，尚不得生，何樂之有？祖云：汝是釋子，何習外道
斷常邪見，而議最上乘法？據汝所解，即色身外，別有法身，離生滅求於寂滅。
又推涅槃常樂，言有身受者，斯乃執吝生死，耽著世樂。汝今當知，佛為一切
迷人，認五蘊和合，為自體相，分別一切法，為外塵相。好生惡死，念念遷流，
不知夢幻虛假，枉受輪迴，以常樂涅槃，翻為苦相，終日馳求。佛愍此故，乃
示涅槃真樂，剎那無有生相，剎那無有滅相，更無生滅可滅。是則寂滅見前，
當見前之時，亦無見前之量，乃謂常樂。此樂無有受者，亦無不受者。豈有一
體五用之名？何況更言涅槃禁伏諸法令永不生？斯乃謗佛毀法。聽吾偈云：無
上大涅槃，圓明常寂照。凡愚謂之死，外道執為斷。諸求二乘人，目以無為作。
盡屬情所計，六十二見本。妄立虛假名，何為真實義？唯有過量人，通達無取
捨。以知五蘊法，及以蘊中我，外現眾色象，一一音聲相。平等如夢幻，不起
凡聖見。不作涅槃解，二邊三際斷。常應諸根用，而不起用想。分別一切法，
不起分別想。劫火燒海底，風鼓山相擊。真常寂滅相，涅槃樂如是。吾今彊言
說，令汝捨邪見。汝勿隨言解，許汝知少分。師聞偈踊躍，作禮而退。

更生：教中名目也。相續也。

無為作：《大慧書》，無字在為字下，義尤宜矣。

六十二見：五蘊中各起四見。四五二十，三世各二十，通為六十。加斷常二見，成六十二。四見者，一計我是色，二計我異色，三計我在色中，四計色在我中，色既如此乃至識亦如是。

永嘉真覺禪師仰章

真覺禪師：諱玄覺，又曰一密覺。

奢摩他：此云止，亦云定。

毘婆舍那：此云觀，又云慧。

五種起心，六種料揀

五種起心：一故起，二串習，三接續，四別生，五即靜。

六種料揀：一識病，二識藥，三識對治，四識過生，五識是非，六識正助。

優畢叉：此云捨，又云平等捨。謂捨二邊。邊非中道，等謂等於定慧。

法眼照俗，洪纖同分。慧眼照真，染淨俱寂。

《攝大乘》云：如理如量通道自在，如量照俗，如理照心理量俱忘謂之佛眼。

三智一心：三智者，依一切智。有丈六佛，依道種智，有丈六尊特，身依一切種智，有法身佛。

第六，重出觀體者，只知一念即空不空，非有非無，不知即念即空，不空非非有非非無。

重出觀體：前明三觀。以次第而即中，此論一念不前後而圓具。

前以二非破所。此加二非破能。前後相須，妙無二矣。

第七，明其是非者，心不是有，心不是無。心不非有，心不非無。是有是無，即墮是非，有非無即墮非，如是只是是非之非，未是非是非非之是。今以雙非破兩是，是破非是猶是非。又以雙非破兩非，非破非非即是是。如是只是非是非非之是，未是不非不不非，不是不不是。是非之惑，綿微難見，神清慮靜，細而研之。

未是非是非非之是：言對前相對之非，未為絕對之量。

雙非：非有非無也。兩是者，是有是無也。

　　雙非破兩非：雙非者，非是非非之是也。

　　兩非：兩非者，非有非無也。

　　第九，觸途成觀者，夫再演言詞，重標觀體。欲明宗旨無異，言觀有逐言移，移言則言理無差，改觀則觀旨不異。不異之旨即理，無差之理即宗。宗旨一而二名，言觀明其弄引耳。

　　言觀有逐言移：逐言言字，《傳燈》作方。

　　弄引：言曲初奏也。

　　改觀則觀旨不異：《傳燈》改觀作無差。

司空山本淨章

　　絳州人也。姓張氏。幼歲披緇于曹谿之室，受記隸司空山無相寺。唐天寶三年，玄宗遣中使楊光庭入山採常春藤，因造丈室。

　　常春藤：山云：四時開紅華。《大觀本草》云：唐天寶中，有道

　　士奏玄宗云：有千歲虆，食之得千歲壽。三年玄宗遣中使楊光庭採

　　之。因造禪師室，云々。常春藤，即千歲虆也。或云：日本甘薁也。

　　因造丈室。禮問曰：弟子慕道斯久，願和尚慈悲，略垂開示？師曰：天下禪定碩學，咸會京師。天使歸朝，足可咨決。貧道隈山傍水，無所用心。光庭泣拜。師曰：休禮貧道。天使為求佛邪，問道邪？曰：弟子智識昏昧，未審佛之與道，其義云何？師曰：若欲求佛，即心是佛。若欲會道，無心是道。曰：云何即心是佛？師云：佛因心悟，心以佛彰。若悟無心，佛亦不有。曰：云何無心是道？師曰：道本無心，無心名道。若了無心，無心即道。光庭作禮信受。既回闕庭，具以山中所遇奏聞。即勅光庭，詔師到京，勅住白蓮亭。越明年正月十五日，召兩街名僧碩學，赴內道場，與師闡揚佛理。時有遠禪師者，抗聲謂師曰：今對聖上，較量宗旨，應須直問直答，不假繁辭。只如禪師所見，以何為道？師曰：無心是道。遠曰：道因心有，何得言無心是道？師曰：道本無名，因心名道。心名若有，道不虛然。窮心既無道憑何立？二俱虛妄，總是假名。遠曰：禪師見有身心，是道已否？師曰：山僧身心，本來是道。遠曰：適言無心是道，今又言身心本來是道，豈不相違。師曰：無心是道，心滅道無，心道一如，故言無心是道。身心本來是道，道亦本是身心。身心本既是空，道亦窮源無有。遠曰：觀禪師形質甚小，卻會此理。師曰：大德只見山僧相，不見山僧無相。見相者是大德所見。經曰：凡所有相，皆是虛妄。若見諸相非相，即見其道。若以相為實，窮劫不能見道。遠曰：今請禪

師，於相上，說於無相。師曰：《淨名經》云：四大無主，身亦無我。無我所見，與道相應。大德若以四大有主是我，若有我見，窮劫不可會道也。遠聞語失色，逡巡避席。師有偈曰：四大無主復如水，遇曲逢直無彼此。淨穢兩處不生心，壅決何曾有二意？觸境但似水無心，在世縱橫有何事？復云：一大如是，四大亦然。若明四大無主，即悟無心。若了無心，自然契道。志明禪師問：若言無心是道，瓦礫無心，亦應是道？又曰：身心本來是道，四生十類，皆有身心亦應是道。師曰：大德若作見聞覺知解會，與道懸殊，即是求見聞覺知之者，非是求道之人。經云：無眼耳鼻舌身意。六根尚無，見聞覺知，憑何而立？窮本不有，何處存心？焉得不同？草木瓦礫。明杜口而退。師有偈曰：見聞覺知無障礙，聲香味觸常三昧。如鳥空中只麼飛，無取無捨無憎愛。若會應處本無心，始得名為觀自在。真禪師問：道既無心，佛有心否，佛之與道，是一是二？師曰：不一不二。曰：佛度眾生，為有心故。道不度人，為無心故。一度一不度，何得無二？師曰：若言佛度眾生，道無度者，此是大德妄生二見。如山僧即不然。佛是虛名，道亦妄立。二俱不實，總是假名。一假之中，如何分二？曰：佛之與道，從是假名。當立名時，是誰為立，若有立者，何得言無？師曰：佛之與道，因心而立。推窮立心，心亦是無。心既是無，即悟二俱不實。知如夢幻，即悟本空。彊立佛道二名，此是二乘人見解。師乃說無修無作。偈曰：見道方修道，不見復何修？道性如虛空，虛空何所修？遍觀修道者，撥火覓浮漚。但看弄傀儡，線斷一時休。法空禪師問：佛之與道，俱是假名，十二分教，亦應不實。何以從前尊宿，皆言修道？師曰：大德錯會經意。道本無修，大德彊修。道本無作，大德彊作。道本無事，彊生多事。道本無知，於中彊知。如此見解，與道相違。從前尊宿，不應如是。自是大德不會，請思之。師有偈曰：道體本無修，不修自合道。若起修道心，此人不會道。棄卻一真性，卻入鬧浩浩。忽逢修道人，第一莫向道。安禪師問：道既假名，佛云妄立，十二分教，亦是接物利生，一切是妄，以何為真？師曰：為有妄故，將真對妄。推窮妄性本空，真亦何曾有故？故知真妄總是假名。二事對治，都無實體。窮其根本，一切皆空。云：既言一切是妄，妄亦同真，真妄無殊，復是何物？師曰：若言何物，何物亦妄。經云：無相似，無比況，言語道斷，如鳥飛空。安憮伏不知所措。師有偈曰：推真真無相，窮妄妄無形。返觀推窮心，知心亦假名。會道亦如此，到頭亦只寧。

只寧：山云：如此也。

達性禪師問：禪師至妙至微，真妄雙泯，佛道兩亡，修行性空，名相不實，世界如幻，一切假名？作此解時，不可斷絕眾生善惡二根。師曰：善惡二根，皆因心有。窮心若有，根亦非虛。推心既無，根因何立？經曰：善與不善法，從心化生。善惡業緣，本無有實。師有偈曰：善既從心生，惡豈離心有，善惡是外緣，於心實不有。捨惡送何處？取善令誰守，傷嗟二見人，攀緣兩頭走。若悟本無心，始悔從前咎。又有近臣問曰：此身從何而來？百年之後，復歸何處？師云：如人夢時，從何而來？睡覺時從何而去？曰：夢時不可言無，既覺不可言有。雖有有無，來往無所。師云：貧道此身，亦如其夢。師有偈曰：視生如在夢，夢裏實是鬧。忽覺萬事休，還同睡時悟。智者會悟夢，迷人信夢鬧。會夢如兩般，一悟無別悟。富貴與貧賤，更無分別路。上元二年歸寂，謚大曉禪師。

南陽慧忠國師

問：禪師見十方虛空，是法身否？師曰：以想心取之，是顛倒見。問：即心即佛，可更修萬行否？師曰：諸聖皆具二嚴，豈撥無因果邪？又曰：我今答汝，窮劫不盡。言多去道遠矣。所以道，說法有所得，斯則野干鳴。說法無所得，是名師子吼。

     二嚴：福慧也。

遂州圓和尚法嗣

終南山圭峰宗密章

     禪那理行：《禪宗諸詮〔註5〕》題目也。

圭峰大師久而歎曰：吾丁此時，不可以默矣。於是以如來三種教義，印禪宗三種法門。鎔瓶盤釵釧為一金，攪酥酪醍醐，為一味。

     三種教義：一密意依性說相教，二密意破相顯性教，三顯示真心即性教。

     禪三宗：一息妄脩心宗，二泯絕無寄宗，三直顯心性宗。

     禪宗三種法門：一息妄脩心宗，二泯絕無寄宗，三直顯心性宗。

〔註5〕宗諸詮：字潦草，「宗」似乎有三點水旁，「諸」類「請」，「詮」字言字旁作「讠」。

教三種禪三宗：見于《宗鏡錄》三十四之十丁，覺四大如坏幻，達六塵如空華。

坏幻：謂土器，歸土如幻歸本。

山南溫造尚書問：悟理息妄之人，不結業，一期壽終之後，靈性何依？師曰：一切眾生，無不具有覺性。靈明空寂，與佛無殊。但以無始劫來，未曾了悟，妄執身為我相，故生愛惡情。隨情造業，隨業受報，生老病死，長劫輪回。然身中覺性，未曾生死，如夢被驅役，而身本安閑。如水作冰，而濕性不易。若能悟此性，即是法身。本自無生，何有依託？靈靈不昧，了了常知。無所從來，亦無所去。然多生妄執，習以性成。喜怒哀樂，微細流注。真理雖然頓達，此情難以卒除。須長覺察損，之又損如風頓止，波浪漸停。豈可一生所修，便同諸佛力用。但可以空寂為自體，勿認色身，以靈知為自心，勿認妄念。妄念若起，都不隨之，即臨命終時，自然業不能繫。雖有中陰，所向自由天上人間，隨意寄託。若愛惡之念已泯，即不受分瑕之身，自能易短為長，易麁為妙。若微細流注，一切寂滅，唯圓覺大智，朗然獨存，即隨機應現千百億化身，度有緣眾生，名之為佛。謹對。釋曰：馬鳴菩薩，撮略百本大乘經宗旨，以造《大乘起信論》。論中立宗，說一切眾生心，有覺義、不覺義。覺中復有本覺義、始覺義。上所述者，雖但約照理觀心處言之，而法義亦同彼論。謂從初至與佛無殊，是本覺也。從但以無始下，是不覺也。從若能悟此下，是始覺也。始覺中復有頓悟漸修。從若能至亦無所去，是頓悟也。從然多生妄執下是漸修也。漸修中從初發心乃至成佛，有三位自在。從初至隨意寄託者，是受生自在也。從若愛惡之念下，是變易自在也。從微細流注下至末，是究竟自在也。又從但可以空寂為自體，至自然業不能繫，正是悟理之人，朝暮行心，修習《止觀》之要節也。宗密先有八句之偈，顯示此意。曾於尚書處誦之，奉命解釋。偈曰：作有義事，是惺悟心。作無義事，是狂亂心。狂亂隨情念，臨終被業牽。惺悟不由情，臨終能轉業。

西天東土應化聖賢附

第一文殊菩薩

一日令善財採藥……

第二天親菩薩

天親菩薩，從彌勒內宮而下，無著菩薩問曰：人間四百年，彼天為一晝

夜？彌勒於一時中，成就五百億天子，證無生法忍。未審說甚麼法？天親曰：
祇說這箇法。祇是梵音清雅，令人樂聞。

> 天親菩薩：新譯作世親。佛滅千年，從彌沙塞部出家
>
> 人間四百年，彼天為一晝夜：《俱舍‧世間品頌》云：人間五十
>
> 年，下天一晝夜，乘斯壽五百，上五倍倍增。

第三維摩

會上，三十二菩薩各說不二法門

第四善財

參五十三員善知識，末後到彌勒閣前……善財因無著菩薩問曰：我欲見
文殊，何者即是？財曰：汝發一念心清淨即是。無著曰：我發一念心清淨，為
甚麼不見？財曰：是真見文殊。

> 善財參五十三員善知識，末後到彌勒閣前事：見于《宗鏡錄》
>
> 三十八之八丁。

第五須菩提尊者

在巖中宴坐……

第六舍利弗尊者

舍利弗尊者，因入城遙見月上女出城：即時天女以神通力，變舍利弗令
如天女。女自化身，如舍利弗。乃問言：何以不轉女身？舍利弗以天女像而
答言，我今不知，云何轉面，而變為女身？

第七殃崛摩羅尊者

未出家時，外道受教為嬌尸迦，欲登王位，用千人拇指為花冠，已得九
百九十九，唯欠一指，遂欲殺母取指。時佛在靈山，以天眼觀之，乃作沙門在
殃崛前。殃崛遂釋母欲殺佛。

第八賓頭盧尊者

> 以手策起眉：策或曰作撥。

第九障蔽魔王

十那吒太子

十一秦跋陀禪師

問生法師……

十二寶誌章

十三善慧大士

　　靸履：小兒履也。

　　大士《心王銘》曰：觀心空王，玄妙難測，無形無相。有大神力，能滅千災，成就萬德。體性雖空，能施法則。觀之無形，呼之有聲，為大法將，心戒傳經。水中鹽味，色裏膠青，決定是有，不見其形。心王亦爾，身內居停，面門出入，應物隨情，自在無礙，所作皆成。了本識心。識心見佛，是心是佛。是佛是心念念佛心，佛心念佛。欲得早成，戒心自律。淨律淨心，心即是佛。除此心王，更無別佛。欲求成佛，莫染一物。心性雖空，貪嗔體實。入此法門，端坐成佛。到彼岸已，得波羅蜜。慕道真士，自觀自心，知佛在內，不向外尋。即心即佛，即佛即心，心明識佛，曉了識心。離心非佛，離佛非心，非佛莫測，無所堪任。執空滯寂，於此漂沈。諸佛菩薩，非此安心。明心大士，悟此玄音。身心性妙，用無更改，是故智者，放心自在。莫言心王，空無體性，能使色身，作邪作正。非有非無，隱顯不定。心性雖空，能凡能聖。是故相勸，好自防慎。剎那造作，還復漂沈。清淨心智，如世黃金。般若法藏，並有自身（心）。無為法寶，非淺非深。諸佛菩薩，了此本心。有緣遇者，非去來今。有偈云：夜夜抱佛眠，朝朝還共起。起坐鎮相隨，語默同居止。纖毫不相離，如身影相似。欲識佛去處，祇這語聲是。又曰：空手把鋤頭，步行騎水牛。人從橋上過，橋流，水不流。又曰：有物先天地，無形本寂寥。能為萬象主，不逐四時凋。四相偈：曰生、曰老、曰病、曰死。識託浮泡起，生從愛慾來。昔時曾長大，今日復嬰孩。星眼隨人轉，朱唇向乳開。為憐迷覺性，還卻受輪回。覽鏡容顏改，登階氣力衰。咄哉今已老，趨拜復還虧。身似臨崖樹，心如念水龜。尚猶耽有漏，不肯學無為。忽染沈痾疾，因成臥病身。妻兒愁不語，朋友厭相親。楚痛抽千脈，呻吟徹四鄰。不知前路險，猶尚恣貪嗔。精魄隨生路，遊魂入死關。祇聞千萬去，不見一人還。寶馬空嘶立，庭花永絕攀，早求無上道，應免四方山。

　　空王：佛為空王，今指心為空王也。

心戒傳經：此法將之所造也。心戒者，心地也。此心演經。或
云：心持戒傳經也。

身似臨崖樹：《涅槃》十二曰：如何河岸臨嶮大樹？若遇暴風，
必當顛墜去。

念水龜：《涅槃》十二曰：如陸地龜心中念水，善男子，人亦如
是。既為衰老之所乾枯，常憶念壯時所受五欲之樂。

諸佛菩薩，非此安心：此句非此之此，上句於此之此。皆指王
言也。言諸佛菩薩，亦不取心王。《心華抄》。

十四南嶽慧思章

十五天台山修禪寺智者章

諱智顗……

十六泗州僧伽

泗州僧伽大聖，或問：師何姓？師曰：姓何。曰：何國人？師曰：何國
人。

或問……何國人：《大慧武庫》云：僧伽烏龍長老訪馮濟川說話
次云：昔有官人問泗州大聖：師何姓？聖云：姓何。官云：住何國？
聖云：住何國。此意如何？龍云：大聖本不姓何，亦不是何國人，
乃隨緣化度耳。馮笑曰：大聖決定姓何，住何國。如是往返數次，
遂致書于師，乞斷此公案。師云：有六十棒，將三十棒打大聖，不
合道姓何，三十打濟川，不合道大聖決定姓何，若是烏龍長老，教
自領出去。

僧伽：僧伽自西國來，唐高宗時，至長安洛陽行〔註6〕化，觀
音應化也。見《傳燈》廿七卷。

十七天台山豐干章

十八天台山寒山子

十九天台山拾得子

這廝兒：《事苑》七廝音斯。從使者也。山云：鄉談小兒也。

〔註6〕行：字漫糊不清。

二十明州奉化縣布袋和尚章

自稱契此。形裁腲脮，蹙額皤腹，出語無定，寢臥隨處，常以杖荷一布囊并破席，凡供身之具，盡貯囊中。入鄽肆聚落，見物則乞，或醯醢魚葅，纔接入口，分少許投囊中，時號長汀子。

> 形裁腲脮：裁，製也。腲脮，肥貌。

> 蹙額皤腹：蹙額，《宋高僧傳》作蹙頞。蹙子六反，促也。通作顣。《廣韻〔註7〕》蹙額鼻頭促皃。《孟子》蹙額而相告〔註8〕，又繀〔註9〕。

> 長汀：嶽麓寺前河名也。

非聖非凡復若乎，不彊分別聖情孤。

> 非聖非凡復若乎：若乎，猶如何？

> 不強分別聖情孤：山云：到此分別不深，聖情孤然異也。

有偈曰：是非憎愛世偏多，子細思量奈我何？寬卻肚腸須忍辱，豁開心地任從他。若逢知己須依分，縱遇冤家也共和。若能了此心頭事，自然證得六波羅。我有一布袋，虛空無罣礙。展開遍十方，入時觀自在。吾有三寶堂，裏空無色相。不高亦不低，無遮亦無障。學者體不如，求者難得樣。智慧解安排，千中無一匠。四門四果生，十方盡供養。吾有一軀佛，世人皆不識。不塑亦不裝，不雕亦不刻。無一滴灰泥，無一點彩色。人畫畫不成，賊偷偷不得。體相本自然，清淨非拂拭。雖然是一軀，分身千百億。又有偈曰：一鉢千家飯，孤身萬里遊。青目覩人少，問路白雲頭。梁貞明三年丙子三月，師將示滅，於岳林寺東廊下，端坐磐石，而說偈曰：彌勒真彌勒，分身千百億。時時示時人，時人自不識。偈畢，安然而化。其後復現於他州，亦負布袋而行。四眾競圖其像。

二十一法華志言大士

一日，讀《雲門錄》，忽契悟。未幾，宿命遂通，獨語笑，口吻囁嚅，日常不輕。世傳誦《法華》，因以名之。

> 囁嚅：多言也。

集仙王質問：如何是祖師西來意？師云：青山影裏漈藍起，寶塔高吟撼曉

〔註7〕韻：字漫糊不清。
〔註8〕告：字漫糊不清。
〔註9〕繀：字漫糊不清。

—55—

風。又曰：請《法華》燒香。師曰：未從齋戒覓，不向佛邊求。國子助教徐岳
問：祖師西來意？師曰：街頭東畔底。徐曰：某甲未會。師云：三般人會不得。

三般人：三種人也。或云：上中下三根也。

二十二　扣冰澡先古佛

扣冰澡先古佛：《統紀》四十三，扣冰古佛，名藻先。

生於武宗會昌四年，香霧滿室，彌日不散。

彌日：日二彌（ワタ）ッテ。

初以講說，為眾所歸。棄謁雪峯，手攜薯荍一包，醬一器，獻之。峯曰：
包中是何物？師曰：薯荍。峯曰：何處得來？師曰：泥中得。峯曰：泥深多
少。師曰：無丈數。峯曰：還更有麼？曰：轉有轉深。又問：器中何物？曰：
醬。峯曰：何處得來？曰：自合得。峯曰：還熟也未？曰：不較多，峯異之
曰：子異日必為王者。師後自鵝湖歸溫嶺，結庵。今為永豐寺。繼居將軍巖，
二虎侍側。神人獻地，為瑞巖院。

瑞巖院：瑞巖院在崇安〔註10〕，乃扣冰禪師道場見《勝覽〔註11〕》。

薯荍：和名クワイ也。

不較多：不爭多之義也。言彼此無差別之義也。無高下義也。

熟未熟，只是一問云義也。

天成戍子應閩主之召，延居內堂。

天成：後唐明宗年號。

內堂：內道場。起於後魏而得名云々。

十二月二日，沐浴陞堂，告眾而逝。王與道俗，備香薪蘇油，荼毗之。

二十三　千歲寶掌和尚章

中印度人也。周威烈十二年丁卯，降神受質，左手握拳。七歲祝髮乃展，因
名寶掌。魏晉間，東遊此土，入蜀禮普賢，留大慈。常不食，日誦《般若》等，
經千餘卷。有詠之者曰：勞勞玉齒寒，似迸巖泉急。有時中夜坐，階前神鬼泣。

勞勞玉齒寒：勞勞與琅琅〔註12〕同。

〔註10〕安：字潦草難辨。

〔註11〕勝覽：漫漶不清。難以辨認，疑是。《勝覽》，即南宋祝穆編撰的地理類著作
《方輿勝覽》。

〔註12〕琅：原文脫文，行尾補有省文符號。

一日謂眾曰：吾有願，住世千歲，今年六百二十有六。故以千歲稱之。次遊五臺，徙居祝融峯之華嚴，黃梅之雙峯，廬山之東林。尋抵建鄴，會達磨入梁，師就扣其旨，開悟。武帝高其道臘，延入內庭，未幾如吳。有偈曰：梁城遇導師，參禪了心地。飄零二浙遊，更盡佳山水。順流東下，由千頃至天竺，往鄮峯，登太白，穿雁蕩，盤礡於翠峯七十二庵，回赤城，憩雲門、法華、諸暨、漁浦、赤符、大巖等處。返飛來，棲之石竇。有行盡支那四百州，此中偏稱道人遊之句。

翠峯七十二庵：翠峯多有庵居之地歟〔註13〕？

石竇：岩穴也。此中者，指此穴也。朗禪師左溪朗覺〔註14〕。

時貞觀十五年也。後居浦江之寶嚴，朗禪師友善。每通問，遣白犬馳往，朗亦以青猿為使令，故題朗壁曰：白犬銜書至，青猿洗鉢回。師所經處，後皆成寶坊。顯慶二年正旦，手塑一像，至九日像成。問其徒慧雲曰：此肖誰？雲曰：與和尚無異。即澡浴易衣趺坐，謂雲曰：吾住世已一千七十二年，今將謝世。聽吾偈曰：本來無生死，今亦示生死。我得去住心，他生復來此。頃時，囑曰：吾滅後六十年，有僧來取吾骨，勿拒。言訖而逝。入滅五十四年，有剌浮長老，自雲門至塔所，禮曰：冀塔洞開。少選，塔戶果啟，其骨連環若黃金。浮即持往秦望山，建窣堵波奉藏。以周威烈丁卯，至唐高宗顯慶丁巳，攷之實一千七十二年。抵此土，歲歷四百餘，僧史皆失載。開元中慧雲門人宗一者，嘗勒石識之。

剌浮長老：剌浮或作羅浮。在今廣州。

周威烈：第〔註15〕二十代帝也。考王二十五年崩，子威烈王午立。《史周紀》。

《五燈會元》卷第三

六祖大鑒禪師法嗣

南嶽懷讓章

姓杜氏，金州人也。於唐儀鳳二年四月八日降誕，感白氣應於玄象，在

〔註13〕歟：字漫糊不清。
〔註14〕朗禪師左溪朗覺：此七字原文漫漶不清，難以辨認。
〔註15〕第：此字漫漶不清。

安康之分。太史瞻見，奏聞高宗皇帝。帝乃問：是何祥瑞？太史對曰：國之法器，不染世榮。帝傳敕金州太守韓偕親往，存慰其家。家有三子，唯師最小。炳然殊異，性唯恩讓。父乃安名懷讓。年十歲時，唯樂佛書。時有三藏玄靜，過舍告其父母曰：此子若出家，必獲上乘，廣度眾生。至垂拱三年，方十五歲，辭親往荊州玉泉寺，依弘景律師出家。通天二年，受戒。

> 姓杜氏：《通論》十六，《懷讓禪師碑》曰：懷讓京兆杜氏，其
> 先因家安康，即為郡人，云々。

> 於唐儀鳳二年四月八日降誕：《寶林傳》十：懷讓金州人也。云
> 々。四月八日生。感此瑞氣，太史瞻見，奏高宗。帝曰：於天下何
> 如？太史曰：國之法寶，非染俗貴，在于安康金州分野。時金州太
> 守，韓偕具錄聞奏，云々。

> 万歲通天：武后年號。

後習毘尼藏。一日自歎曰：夫出家者，為無為法。天上人間，無有勝者。時同學坦然，知師志氣高邁，勸師謁嵩山安和尚。安啟發之，乃直指詣曹谿，參六祖。祖問：甚麼處來？曰：嵩山來。祖曰：甚麼物恁麼來？師無語。遂經八載忽然有省。乃白祖曰：某甲有箇會處。祖云：作麼生？師曰：說似一物即不中。祖云：還假修證否？師曰：修證則不無，污染即不得。祖曰：祇此不污染，諸佛之所護念。汝既如是，吾亦如是。西天般若多羅讖汝足下出一馬駒，踏殺天下人。病在汝心，不須速說。師執侍左右，一十五年。先天二年往衡嶽，居般若寺。開元中有沙門道一，在衡嶽山，常習坐禪。師知是法器，往問曰：大德坐禪圖甚麼？一曰：圖作佛。師乃取一磚，於彼庵前石上磨。一曰：磨作甚麼？師曰：磨作鏡。一曰：磨磚豈得成鏡邪？師曰：磨甎既不成鏡，坐禪豈得作佛。一曰：如何即是？師曰：如牛駕車。車若不行，打車即是，打牛即是。一無對。師又曰：汝學坐禪，為學坐佛？若學坐禪，禪非坐臥。若學坐佛，佛非定相。於無住法，不應取捨。汝若坐佛，即是殺佛。若執坐相，非達其理。一聞示誨，如飲醍醐，禮拜問曰：如何用心，即合無相三昧？師云：汝學心地法門，如下種子。我說法要，譬彼天澤，汝緣合故，當見其道。又問：道非色相，云何能見？師云：心地法眼，能見乎道，無相三昧，亦復然矣。一曰：有成壞否？師云：若以成壞聚散，而見道者，非見道也。聽吾偈曰：心地含法種，遇澤悉皆萌。三昧華無相，何壞復何成？一蒙開悟，心意超然。侍奉十秋，日益玄奧。入室弟子，總有六人，師各印

可曰：汝等六人同證吾身，各契其一。一人得吾眉，善威儀。〔常浩〕一人得吾眼，善顧盼。〔智達〕一人得吾耳，善聽理。〔坦然〕一人得吾鼻，善知氣。〔神照〕一人得吾舌，善譚說。〔嚴峻〕一人得吾心，善今古。〔道一〕又曰：一切法皆從心生。心無所生法無所住。若達心地，所作無礙。非遇上根，宜慎辭哉。

> 病在汝心，不須速說：或作並在汝心，不須速說。言此事不可
> 為汝說破，只自可知痛痒矣。

> 總有六人：南岳常浩禪師、智達禪師、坦然禪師、潮州神照禪
> 師、揚州大明寺嚴峻禪師。

南岳讓禪師法嗣

江西道一禪師章

> 足下有二輪文：言兩足各一輪也。

一日謂眾曰：汝等諸人，各信自心是佛。此心即是佛心。達磨大師從南天竺國，來至中華，傳上乘一心之法，令汝等開悟。又引《楞伽經》文，以印眾生心地。恐汝顛倒，不自信，此一心之法，各各有之。故《楞伽經》以佛語心為宗，無門為法門。夫求法者，應無所求。心外無別佛，佛外無別心。不取善，不捨惡，淨穢兩邊，俱不依怙。達罪性空，念念不可得，無自性故。故三界唯心。森羅萬象，一法之所印。凡所見色，皆是見心。心不自心，因色故有。汝但隨時言說，即事即理，都無所礙。菩提道果，亦復如是。於心所生，即名為色。知色空故，生即不生。若了此意，乃可隨時。著衣喫飯，長養聖胎。任運過時，更有何事？汝受吾教，聽吾偈曰：心地隨時說，菩提亦祇寧。事理俱無礙，當生即不生。

> 佛語心為宗：《圜悟心要》之終云：佛即心，心即語。恐出於此
> 也。

僧問：和尚為甚麼說即心即佛？師云：為止小兒啼。曰：啼止時如何？師云：非心非佛。曰：除此二種人來，如何指示？師云：向伊道不是物。曰：忽遇其中人來時如何？（師曰：）且教伊體會大道。問：如何是西來意？師云：即今是甚麼意？

> 其中人：言了得不是物底人也。

《西天般若多羅記》：達磨云：震旦雖闊無別路，要假兒孫腳下行。金雞解銜一粒粟，供養十方羅漢僧。又六祖謂讓和尚曰：向後佛法從汝邊去，馬駒蹋殺天下人。厥後江西嗣法，布於天下，時號馬祖。

　　震旦雖闊無別路：無別路者，道一也。兒孫嗣子也。

　　要假兒孫腳下行：腳下行，所謂馬駒踏殺也。

　　金雞解啣一粒粟：金雞啣米者，讓和尚金州人，雞知時而鳴。

以覺未窬。

　　供養十方羅漢僧：馬祖受讓師法食之供也。羅漢僧，馬祖生漢

州什方縣。劉軻書馬祖碑之人也。《通論》十九卷。

有小師耽源行腳回，於師前畫箇圓相，就上拜了立。

　　有小師耽源行腳回：此耽源者非應真也。

鄧隱峰辭師。師曰：甚麼處去？曰：石頭去。師云：石頭路滑。曰：竿木隨身，逢塲作戲。便去。

　　竿木隨身，逢塲作戲：竿木者，山云：雜戲之器也。

　　登建昌石門山：建昌者，南康郡懸名。

南岳下二世

馬祖一禪師法嗣

洪州百丈山懷海章

檀信請於洪州新吳界，住大雄山。

　　新吳〔註16〕界：山云：洪州之下地名。

併卻咽喉唇吻。

　　併：併合也。《事苑》。

　　一合相不可得〔註17〕：如攬眾微，以成於色，合五陰等，以成

於人，名一合相。六祖云：一合相者，不壞假名，而談實相。又云：

一合相者，函蓋相應也。

〔註16〕吳：同「吳」。

〔註17〕旁有鋼筆字，應是後人所加，云：《華嚴經大疏演義鈔》：一合相者，眾緣和合，故攬眾微，以成於色。合五陰等，以成於人。名一合相。以上《織田佛教辭典》。

雲巖問：和尚每日區區為阿誰？師云：有一人要。巖曰：因甚麼不教伊自作？師云：他無家活。

家活：山云：生計也。

五欲：五欲者，色聲香味觸，五塵也。

八風：八風者，利衰毀譽稱譏苦樂也。利譽稱樂，四者順也；衰毀譏苦，四者違也。

但是一切言教，祇明如今鑒覺自性，但不被一切有無諸境轉，是汝導師。能照破一切有無諸境，是金剛慧。即有自由獨立分。若不能恁麼會得，縱然誦得十二韋陁典，祇成憎上慢，卻是謗佛，不是修行。但離一切聲色，亦不住於離，亦不住於知解，是修行，讀經看教。若准世間是好事，若向明理人邊數，此是壅塞人。十地之人脫不去，流入生死河。但是三乘教，皆治貪瞋等病，祇如今念念若有貪瞋等病，先須治之，不用求覓義句知解。知解屬貪，貪變成病。祇如今但離一切有無諸法，亦離於離，透過三句外，自然與佛無差。

是金剛慧：《涅槃》二十四，譬如金剛，所擬之處，無不碎壞，而是金剛，無有折壞。金剛三昧亦復如是，云々。

十二韋陁典：《雜阿毘曇心論音義》曰：毘陁或言韋陁。此云智論。四名者，一名阿由，此云命〔註18〕，謂醫方諸事。二名夜殊，謂祭祀也。三名沙磨，此云等，謂國儀卜相音樂戰法等。四名阿闥婆拏，謂咒術也。此四是梵天所說。梵天孫毘耶婆仙人，又作八鞞陁。前四後八，合成十二也。

三句：山云：有無，亦有，亦無也。

池州南泉普願章

詣嵩嶽受具足戒。初習相部舊章，究毘尼篇聚。云々。

相部舊章：相部，相州也。法礪法師所居之地也。法礪就四分律十卷書。《天台三大部補注》曰：相部，相州。南山亦曾登其門下。又湛然禪師列其門人。或云：《南山疏抄》等後出，故指師為舊章。

尼篇：尼篇者，一波羅夷，二僧殘，三波逸提，四提舍尼，五突吉羅，六聚上尼篇加偷蘭遮，七聚上六聚中，分突吉羅，在身犯者，名惡作，在口犯者，名惡說。

〔註18〕命：原文作「𠎿」，同「命」。

住首楞嚴三昧：住首楞嚴，梵語也。此名一切事究竟堅田也。

得此三昧，觀法如幻，於法自在，觸破最後微細無明。

上堂。道箇如如，早是變了也。今時師僧，須向異類中行。歸宗曰：雖行畜生行，不得畜生報。師云：孟八郎漢，又恁麼去也。

孟八郎：強梁猛烈之漢也。

女人拜：山云：唐土女人，立拜屈膝而已，兩手當腰，鞠躬屈膝而已。《心華抄》。

陸亘大夫問：弟子從六合來，彼中還更有身否？師曰：分明記取，舉似作家。曰：和尚不可思議，到處世界成就。師云：適來總是大夫分上事。陸異日謂師曰：弟子亦薄會佛法。師便問：大夫十二時中作麼生？曰：寸絲不挂。師云：猶是堦下漢。師又云：不見道，有道君王，不納有智之臣。

有道君王不納有智之臣：言有道君子自充足，是故不用有智臣也。

上堂次，陸大夫云：請和尚為眾說法。師云：教老僧作麼生說？曰：和尚豈無方便。師云：道他欠少甚麼？曰：為甚麼有六道四生？師云：老僧不教他。陸大夫與師見人雙陸，指骰子曰：恁麼不恁麼，正恁麼信彩去時如何？師拈起骰子曰：臭骨頭十八。

臭骨頭十八：罵彩之辭也。十八者，要彩目也。或云：唐用六筒。或曰：十八者，三隻骰也。擲則三六十八目，乃吉也。

信彩：別本作信手。山云：任運隨時意也。又云：信手擲之耳。

又問：天王居何地位？師云：若是天王，即非地位。曰：弟子聞說，天王是居初地。師云：應以天王身得度者，即現天王身而為說法。

天王地位：山云：欲界最下天也。

初地：十地中第一地也。

師入宣州，陸大夫出迎接。指城門曰：人人盡喚作雍門，未審和尚喚作甚麼門？師云：老僧若道，恐辱大夫風化。曰：忽然賊來時作麼生？師云：王老師罪過。

雍門：山云：門之名也。諸州城處處有名號也。內裏有五重門。其前外門為雑門，其次為雍門。

問：青蓮不隨風火散時，是甚麼？師云：無風火不隨是甚麼？僧無對。

青蓮：山云：佛眼也。不死之謂也。《楞嚴經注》曰：天竺有青蓮華。其葉脩而廣。青白分明有大人目相，故以為喻也。

問云：學人到諸方，有人問：和尚近日作麼生？未審如何祗對。師云：但向道，近日解相撲。曰：作麼生？師云：一拍雙泯。

一拍雙泯：山云：兩箇都倒了也。或云：一拍決勝負之謂也。

杭州鹽官海昌院齊安國師

無勝幢：山云：無勝，塔名也。又云：法幢也。《維摩經》什法

師注云：外國破敵得勝，則豎勝幢。道場降魔亦表其勝相也。肇曰：
外國法戰諍破敵，立幡以表勝。菩薩摧煩惱賊，除四魔怨，乃立道
場建勝相也。無勝幢者，無常法幢也。

有法空禪師到，請問經中諸義。師一一答了，卻曰：自禪師到來，貧道
總未得作主人。法空曰：請和尚便作主人。師云：今日夜也，且歸本位安置。
明日卻來。法空下去。至明旦，師令沙彌屈法空禪師。法空到，師顧沙彌曰：
咄！這沙彌不了事。教屈法空禪師，屈得這守堂家人來。法空無語。

守堂家人：留守。元來非主人。是師作主宰之手段也。

廬山歸宗寺智常章

李異日又問：一大藏教，明（得）箇甚麼邊事？師舉拳示之曰：還會麼？
曰：不會。師云：這箇措大，拳頭也，（不）識。

措大：指官人詞。措者，置也，理也。無其人則閣大事。有其
人則理大事故。《事苑》云：言措置天下之大者。

明州大梅山法常章

大梅山：《方輿勝覽》十七，按《四明圖〔註19〕經》，大梅山。
在鄞縣東七里。益漢梅子真舊隱也。

忽一日謂其徒曰：來莫可抑，往莫可追。從容間，聞鼯鼠聲，乃曰：即此
物非他物。汝等諸人，善自護持，吾今逝矣。

鼯鼠：西漢注：一名甘口鼠。食人及鳥獸，至冬不痛〔註20〕。
《爾雅》，郭璞曰：螫毒也。《事苑》，音五鼠，名狀如小狐，似蝙蝠
肉翅。亦謂之飛去。

〔註19〕圖：字模糊。
〔註20〕痛：字漫糊不清。

婺州五洩山靈默章

婺州五洩山靈默禪師：靈默禪師者，洞山价禪師之剃髮師也。

三寸：山云：舌頭也。

住白沙道場：白沙，山云：地名也。

問：如何得無心去？師云：傾山覆海晏然靜，地動安眠豈采伊。

采伊：山云：采，管也。伊，伊動者。

蒲州麻谷山寶徹章

主人擎拳：《傳燈》作勤拳。山云：慇懃之義也。或曰：將拳止兒啼之謂也。或云：丁寧之義也。

湖南東寺如會章

折牀：學徒既眾，僧堂為之陷折，時稱折牀會也。

虔州西堂智藏章

鼓角動也：山云：軍中行兵則有鼓角。鼓角動則是進也。開靜鼓動時，曉角又鳴。共是應時之貌也。

京兆府章敬寺懷暉章

僧問：心法雙亡，指歸何所？師曰：郢人無汙，徒勞運斤。曰：請師不返之言。師曰：即無返句。

不返之言：瑞應經正言似反。誰當信者。或云：不返者，不變之義也。

拈一隻靸鞋：靸悉合反。小兒之履也。

越州大珠慧海章

如來者是諸法如義：《金剛經》：如來者，是諸法如義。注：諸法如義者，諸法即是，色聲香味觸法，於此六塵中，善能分別，而本體湛然，不染不著，曾無變異。如空不動，圓通瑩徹，歷劫常存，是名諸法如義。

如何得大涅槃？師云：不造生死業。曰：如何是生死業？師云：求大涅槃，是生死業。捨垢取淨，是生死業。有得有證，是生死業。不脫對治門，是生死業。曰：云何即得解脫？師云：本自無縛，不用求解。直用直行，是無等等。曰：禪師如和尚者，實謂希有。禮謝而去。

無等等：《維摩經》第一，肇曰：佛道超絕，無與等者，唯佛佛
自等，故言無等等。季潭《心經注》云：能顯至理，名無上咒，極
妙覺果，無與等者，名無等等咒。

夫經律論是佛語，讀誦依教奉行，何故不見性？師云：如狂狗趁塊，師
子齩人。經律論是性用，讀誦者是性法。明曰：阿彌陀佛有父母及姓否？師
云：阿彌陀姓憍尸迦，父名月上，母名殊勝妙顏。明曰：出何教文？師云：出
鼓音王經。法明禮謝，讚歎而退。

性法：言性體也。法者體也。

狂狗趁塊，師子齩人：《大般若》五百六十九，云々。

阿彌陀姓：私云：阿彌陀姓字，載在《陀羅尼雜集》第四。其
文云：受持讀誦此鼓音聲王大陀羅尼，十日十夜，六時專念，云々。
十日之中，必得見彼阿彌陀佛云々。今云出鼓音王經。藏目錄，阿
彌陀鼓音聲王陀羅尼經，在羔字函。說彌陀姓字。

六通：六通者，天眼通，天耳通，他心通，宿命通，神境通，
如意通。神境通，形無質礙。如意通，任運自在。

韞光大德問：禪師自知生處否？師云：未曾死，何用論生？知生即是無
生法。無離生法有無生。祖師云：當生即不生。曰：不見性人，亦得如此否？
師云：自不見性，不是無性。何以故？見即是性，無性不能見。識即是性，故
名識性。了即是性，喚作了性。能生萬法，喚作法性，亦名法身。馬鳴祖師
云：所言法者，謂眾生心，若心生故，一切法生。若心無生，法無從生，亦無
名字。迷人不知法身無象，應物現形，遂喚青青翠竹，總是法身，鬱鬱黃華，
無非般若。黃華若是般若，般若即同無情。翠竹若是法身，法身即同草木。如
人喫筍，應總喫法身也。如此之言，寧堪齒錄。對面迷佛，長劫希求，全體法
中，迷而外覓。是以解道者，行住坐臥，無非是道。悟法者，縱橫自在，無非
是法。光又問：太虛能生靈智否？真心緣於善惡否？貪欲人是道否？執是執
非人向後心通否？觸境生心人有定否？住寂寞人有慧否？懷傲物人有我否？
執空執有人有智否？尋文取證人，苦行求佛人，離心求佛人，執心是佛人，
此智稱道否？請禪師一一為說。師云：太虛不生靈智。真心不緣善惡。嗜欲
深者機淺。是非交爭者未通。觸境生心者少定。寂寞忘機者慧沈。傲物高心
者我壯。執空執有者皆愚。尋文取證者益滯。苦行求佛者俱迷。離心求佛者
外道。執心是佛者為魔。曰：若如是，畢竟無所有也。師云：畢竟是大德，不

是畢竟無所有。光踊躍禮謝而去。問：儒釋道三教，同異如何？師云：大量者用之即同，小機者執之即異。總從一性上起用，機見差別成三。迷悟由人，不在教之同異也。

> 畢竟是大德：畢竟是ナルハ大德。不是大德無所有。畢竟是者，是字斥言，無所有也。言畢竟無所底，大德之見也。不是諸法畢竟無所有也。已上《心華燈抄》。

洪州泐潭法會章

問馬祖，如何是祖師西來意？祖云：低聲。近前來向你道。師便近前，祖打一摑曰：六耳不同謀，且去！來日來！師至來日，獨入法堂曰：請和尚道。祖云：且去！待老漢上堂出來問，與汝證明？師忽有省，遂曰：謝大眾證明。乃繞法堂一匝便去。

> 六耳不同謀：有三人則義不同也。出《兵書》。

池州杉山智堅章

初與歸宗，南泉行腳時，路逢一虎，各從虎邊過了。泉問歸宗：適來見虎，似箇甚麼？宗曰：似箇猫兒。宗卻問師，師曰：似箇狗子。又問南泉，泉曰：我見是箇大虫。師喫飯次，南泉收生飯，乃曰：生聻？師云：無生。泉云：無生猶是末？泉行數步，師召曰：長老。泉回頭曰：作麼？師云：莫道是末？普請擇蕨次，南泉拈起一莖曰：這箇大好供養。師云：非但這箇，百味珍羞，他亦不顧。泉云：雖然如是，箇箇須嘗始得。〔玄覺云：是相見語，不是相見語？〕僧問：如何是本來身？師云：舉世無相似。

> 無生猶是末：言無生是在生前，須知無生以前。又有一物，故云猶是末。

澧州苕谿道行章

嘗曰：吾有大病，非世所醫。後僧問曹山，古人曰：吾有大病，非世所醫。未審是甚麼病？山云：攢簇不得底病。曰：一切眾生還有此病也無？山云：人人盡有。曰：和尚還有此病也無？山云：正覓起處不得。曰：一切眾生為甚麼不病？山云：一切眾生若病，即非眾生。曰：未審諸佛還有此病也無？山云：有。曰：既有，為甚麼不病？山云：為伊惺惺。僧問：如何修行？師云：好箇阿師，莫客作。曰：畢竟如何？師云：安置即不堪。問：如何是正修

行路？師云：涅槃後有。曰：如何是涅槃後有？師云：不洗面。曰：學人不會。師云：無面得洗。

  攢簇不得底病：山云：此說不得。又曰：攢聚不得也。謂佛病祖病。禪病法病。一切有情四百四病等也。又曰：按排不得之意也。或曰：就治方之詞。言攢簇多種靈方（多種ノ靈方ヲ攢簇スレドモ），以治之不得也。

  涅槃後有：死而後可知有正修行道。或云：二乘人，入有餘涅槃，過八萬劫，回心向大，始是正修行也。云々。師云：此義以靈藏考之，言句雖相似，於善處義趣相戾，瞻識者，見相似之語，莫忘本分之理。

  不洗面：言不塗紅彩也風流。

  無面得洗：言存面孔不得。

忻州酈村自滿章

  魚騰碧漢，階級難飛：言魚志雖在碧溪，奈他三級何？抑僧也。

朗州中邑洪恩章

  每見僧來，拍口作和和聲。仰山謝戒，師亦拍口作和和聲。仰從西過東，師又拍口作和和聲。仰從東過西，師又拍口作和和聲。仰當中而立，然後謝戒，師云：甚麼處得此三昧？仰云：於曹谿印子上脫來。師云：汝道曹谿用此三昧，接甚麼人？仰曰：接一宿覺。仰曰：和尚甚處得此三昧？師云：我於馬大師處得此三昧。仰問：如何得見佛性義？師云：我與汝說箇譬喻。如一室有六窗，內有一獼猴，外有獼猴，從東邊喚猩猩，猩猩即應，如是六窗俱喚俱應。仰山禮謝，起曰：適蒙和尚譬喻，無不了知。更有一事，祇如內獼猴睡著，外獼猴欲與相見，又且如何？師下繩床，執仰山手作舞曰：猩猩與汝相見了，譬如蟭螟蟲，在蚊子眼睫上作窠，向十字街頭叫云：土曠人稀，相逢者少。〔雲居錫云：中邑當時若不得仰山這一句語，何處有中邑也？崇壽稠云：還有人定得此道理麼，若定不得，只是箇弄精魂腳手。佛性義在甚麼處？玄覺云：若不是仰山，爭得見中邑且道甚麼處，是仰山得見中邑處？〕

  和和：山云：口中作聲也。

  謝戒：山云：大唐沙彌登壇受戒了，名為大僧。既受戒了，於諸老宿法眷處，禮謝，名謝戒。

一室有六窗，內有一獼猴，外有獼猴，從東邊喚猩猩，猩猩即應，如是六窗俱喚俱應：山云：內獼猴，心意識也。外獼猴，境緣也。猩猩即獼猴也。

譬如蟭螟蟲，在蚊子眼睫上作窠：言以蟭螟比仰山也。管見之謂也。

汾州無業章

兩街僧錄：朱雀門前有兩街。兩街各建寺置僧錄，以度天下之僧。左街寺，右街寺是也。

信州鵝湖大義章

四禪八定：《止觀口決》第四而言之。四禪四空，若從通說，或云八定。

京兆興善寺惟寬章

年十三，見殺生者，蠱然不忍食，乃求出家。

蠱然：蠱，許極反。傷痛也。

潭州三角山總印章

僧問：如何是三寶？師云：禾麥豆。曰：學人不會。師云：大眾欣然奉持。上堂，若論此事，貶上眉毛，早已蹉過也。麻谷便問：貶上眉毛即不問，如何是此事？師曰：蹉過也。谷乃掀倒禪牀。師便打。長慶代云：悄然。

悄然：悄者，七小反，瀟洒貌。是代三角之語也。麻谷無語處悄然。山云：默而無語，一切不動也。

貶：側洽反，目動也。

掀：《廣韻》：虛言反，以手高〔註21〕舉也。

常州芙蓉山太毓章

金陵范氏子。因行食到龐居士前。士擬接。師乃縮手曰：生心受施淨名早訶，去此一機居士還甘否？士云：當時善現豈不作家。師曰：非關他事。士云：食到口邊被他奪卻。師乃下食。士云：不消一句。士又問：馬大師著實為人處，還分付吾師否？師云：某甲尚未見他，作麼生知他著實處？士曰：祇此見知，

〔註21〕高：字潦草難辨。

也無討處。師云：居士也不得一向言說。士曰：一向言說，師又失宗，若作兩向三向，師還開得口否？師云：直是開口不得。可謂實也。士撫掌而出。

　　非關他事：指善現。

　　被他奪卻：擬接而不接故。

　　不消一句：言不勞問答，受食了。

　　祇此見知也無討處：言和尚恁麼見處，無處覓討也。

　　一向言說：不涉多岐，只一直說示。師尚失宗。

五臺山隱峯章

　　邵武軍鄧氏子。〔時稱鄧隱峯。〕幼若不慧，父母聽其出家。初遊馬祖之門，而未能覩奧。復來往石頭，雖兩番不捷，〔語見馬祖章。〕而後於馬祖言下相契。師問石頭：如何得合道去？頭曰：我亦不合道。師云：畢竟如何？頭曰：汝被這箇得多少時邪？石頭剗草次，師在左側，叉手而立。頭飛剗子，向師前，剗一株草。師曰：和尚祇剗得這箇，不剗得那箇。頭提起剗子，師接得，便作剗草勢。頭云：汝祇剗得那箇，不解剗得這箇。師無對。〔洞山云：還有堆阜麼？〕

潭州石霜大善章

　　僧問：如何是佛法大意？師云：春日雞鳴。曰：學人不會。師云：中秋犬吠。上堂。大眾出來出來，老漢有這法要，百年後不累汝。眾云：便請和尚說。師曰：不消一堆火。

　　不消一堆火：言死後不用茶毘去也。

泉州龜洋無了章

　　一日，虎逐鹿入菴，師以杖格虎，遂存鹿命。

　　格虎：《戰國策》第五：夫虎之與半，不格明矣。注：格猶敵。

　　或云：格打也。

　　正堂：山云：方丈室也。

袁州楊岐山甄叔章

　　上堂。郡靈一源，假名為佛。體竭形銷而不滅，金流朴散而常存。性海無風，金波自涌。心靈絕兆，萬象齊照。體斯理者，不言而徧歷沙界，不用而功益玄化。如何背覺，反合塵勞？於陰界中，妄自囚執。

　　朴散：《涅槃疏》：金未理者名朴，玉未理者名璞。

禪月問：如何是祖師西來意？師呈起數珠，月罔措。師云：會麼？曰：
不會。師云：某甲參見石頭來。曰：見石頭得何意旨？師指庭前鹿曰：會麼？
曰：不會。師云：渠儂得自由。

> 禪月：禪月者，晚唐詩僧貫休也。五代時蜀孟蕘師之。謚以禪
> 月大師之號。甄叔禪師者，馬祖法嗣，而旺化于盛唐。豈有禪月參
> 問之事乎？恐別有禪月歟？

潭州華林善覺章

> 磕破鐘樓：《書林廣記》：磕破鐘樓，與跨竈同。言子過於父也。
> 山云：其有高大之作也。磕昔盍反石声也。

濛谿和尚章

僧問：一念不生時如何？師良久。僧便禮拜。師曰：汝作麼生會？曰：
某甲終不敢無慙愧。師曰：汝卻信得及。

> 不無慙愧：言於師良久處，有見解也。

溫州佛嶴和尚章

問：如何是異類？師敲椀曰：花奴々々喫飯來。

> 花奴：山云：猫兒也。蜀鄉談也。

烏臼和尚章

> 屈棒：言無罪打去也。
> 草草打著簡漢：簡漢者，師自稱也。

亮座主章

> 蜀人也。

頗講經論，因參馬祖。祖問：見說座主大講得經論，是否？師曰：不敢。
祖曰：將甚麼講？師曰：將心講。祖曰：心如工伎兒，意如和伎者，爭解講得。
師抗聲曰：心既講不得，虛空莫講得麼？祖曰：卻是虛空講得。師不肯，便出。
將下堦，祖召曰：座主。師回首。祖曰：是甚麼？師豁然大悟。便禮拜。祖曰：
這鈍根阿師，禮拜作麼？師曰：某甲所講經論，將謂無人及得，今日被大師一
問，平生功業，一時冰釋。禮謝而退。乃隱于洪州西山，更無消息。

> 工伎兒：山云：工巧之人，能作伎唱，如傀儡之類。和伎者，
> 幕中之主也。應其歌笑也。

黑眼和尚章

僧問：如何是不出世師？師曰：善財拄杖子。問：如何是佛大意？師曰：
十年賣炭漢，不知秤畔星。

善財拄杖子：源云：未作主在。

十年賣炭漢，不知秤畔星：山云：大唐以秤子賣炭。言十年賣
炭漢，不知秤上有星。

齊峰和尚章

當陽：分明之義也。

背後底聻者：言在背後也。

龐居士云：此去峰頂有幾里？師曰：甚麼處去來？士曰：可謂峻硬，不得
問著。師曰：是多少。士曰：一二三。師曰：四五六。士曰：何不道七？師曰：
纔道七便有八。士曰：住得也。師曰：一任添取。士喝便出去。師隨後亦喝。

住得也：言可止添數去也。

大陽和尚章

因伊禪師相見，乃問伊禪：近日有一般知識，向目前指教人，了取目前
事，作這箇為人，還會文彩未兆時也無？曰：擬向這裏致一問，不知可否？
師曰：答汝已了，莫道可否？曰：還識得目前也未？師曰：若是目前，作麼生
識？曰：要且遭人檢點。師曰：誰？曰：某甲。師便喝，伊退步而立。師曰：
汝祇解瞻前，不解顧後。曰：雪上更加霜。師曰：彼此無便宜。

取目前事，作這箇為人，還會文彩未兆時也無：言向目前指教
者，爭奈文彩未兆一著子何也？

幽州紅螺山和尚

有頌示門人曰：紅螺山子近邊夷，度得之流半是奚。共語問醻都不會，
可憐祇解那斯祁。

奚：羌名。有東西。奚，東胡種也。
那斯祁：福州鄉談，無分曉之謂也。

百靈和尚章

一日與龐居士路次相逢。問曰：南嶽得力句，還會舉向人也無？士曰：
會舉來。師曰：舉向甚麼人？士以手自指曰：龐公。師曰：直是妙德空生也

讚歎不及。士卻問：阿師得力句，是誰得知？師戴笠子便行。士曰：善為道路。師更不回首。

> 善為：俗礼之談〔註22〕也。

> 妙德空生：《注維摩經》第三，什云：文殊秦曰妙德，空生須菩提也。

洛京黑澗和尚章

僧問：如何是密室？師曰：截耳臥街。曰：如何是密室中人？師乃換手搥胸。

> 截耳臥街：山云：惡輩之人也。

利山和尚章

僧問：眾色歸空，空歸何所？師曰：舌頭不出口。曰：為甚麼不出口？師曰：內外一如故。

> 內外一如故：是故不論出不出。

問：不歷僧祇獲法身，請師直指？師曰：子承父業。曰：如何領會？師曰：貶剝不施。曰：恁麼則大眾有賴去也。師曰：大眾且置，作麼生是法身？僧無對。師曰：汝問：我與汝道？

> 不施：山云：便是不用也。又云：不貶剝也。貶剝是非也。

問：如何是西來意？師曰：不見如何？曰：為甚麼如此？師曰：祇為如此。

> 不見如何：言不見如何，若何之謂也。

松山和尚章

同龐居士喫茶。士舉橐子曰：人人盡有分，為甚麼道不得？師曰：祇為人人盡有，所以道不得。士曰：阿兄為甚麼卻道得？師曰：不可無言也。士曰：灼然！灼然！師便喫茶。

> 橐子：《傳燈》作托。山云：茶盞臺也。

> 灼然灼然：サゾサゾ。

則川和尚章

蜀人也。龐居士相看次，師曰：還記得見石頭時道理否？士曰：猶得阿師重舉在。師曰：情知久參事慢。士曰：阿師老耄，不啻龐公。師曰：二彼同

〔註22〕談：漫糊不清，疑是。

時，又爭幾許？士曰：龐公鮮健，且勝阿師。師曰：不是勝我，祇欠汝箇幞頭。士拈下幞頭曰：恰與師相似。師大笑而已。

　　二彼：山云：川和尚與龐翁也。

　　鮮健：鮮，年少也。健，有力也。

潭州秀溪和尚章

谷山問：聲色純真，如何是道？師曰：亂道作麼？山卻從東過西立。師曰：若不恁麼，即禍事也。山又從西過東立。師乃下禪牀，方行兩步，被谷山捉住。曰：聲色純真，事作麼生？師便打一掌。山曰：三十年後，要箇人下茶也無在。師曰：要谷山這漢作甚麼？山呵呵大笑。

　　要箇人下茶也無在：言給仕人也。

江西椑樹和尚章

師向火次，道吾問：作麼？師曰：和合。吾曰：恁麼即當頭脫去也。師曰：隔闊來多少時邪？吾便拂袖而去。

　　和合：向火亦是諸緣和合也。

　　脫去：不和合之義也。

　　隔闊：不和合而離別也。

洞安和尚和尚章

僧侍立次，師問：今日是幾？曰：不知。師曰：我卻記得。曰：今日是幾。師曰：今日昏晦。

　　是幾：幾時也。

京兆興平和尚章

洞山來禮拜。師曰：莫禮老朽。山曰：禮非老朽。師曰：非老朽者不受禮。山曰：他亦不止。洞山卻問：如何是古佛心？師曰：即汝心是。山曰：雖然如此，猶是某甲疑處。師曰：若恁麼，即問取木人去。山曰：某甲有一句子，不借諸聖口。師曰：汝試道看。山曰：不是某甲。山辭，師曰：甚麼處去？山曰：沿 〔註23〕 流無定止，師曰：法身沿流，報身沿流，山曰：惣不作此解，師乃拊掌。保福曰：洞山自是一家。乃別云：覓得幾人。

　　不是某甲：言道者不是某。

〔註23〕沿：同「沿」。

福谿和尚章

僧問：古鏡無瑕時如何？師良久。僧曰：師意如何？師曰：山僧耳背。僧再問，師曰：猶較些子。

> 耳背：耳聾者背負也。キキアヤマリ。

谿和尚章

問：緣散歸空，空歸何所？師乃召僧，僧應諾。師曰：空在何處？曰：卻請和尚道。師曰：波斯喫胡椒。

> 波斯喫胡椒：方語，吞吐不下。又云：不知來處。又云：家常
> 茶飯。山云：口辣說不得。

浮盃和尚章

凌行婆來禮拜，師與坐喫茶。婆乃問：盡力道不得底句分付阿誰？師曰：浮盃無剩語。婆曰：未到浮盃，不妨疑着。師曰：別有長處，不妨拈出。婆斂手哭曰：蒼天中更添冤苦。師無語。婆曰：語不知偏正，理不識倒邪，為人即禍生。

> 蒼天中更添冤苦：苦中添苦也。

後有僧舉似南泉，泉曰：苦哉浮盃，被這老婆摧折一上。婆後聞笑曰：王老師猶少機關在。澄一禪客逢見行婆，便問：怎生是南泉猶少機關在？婆乃哭曰：可悲可痛。一罔措。婆曰：會麼？一合掌而立。婆曰：伎死禪和，如麻似粟。一舉似趙州州曰：我若見這臭老婆，問教口瘂。一曰：未審和尚怎生問他。州便打。一曰：為甚麼卻打某甲？州曰：似這伎死漢不打，更待幾時？連打數棒。婆聞，卻曰：趙州合喫婆手裏棒。後僧舉似趙州，州哭曰：可悲可痛。婆聞此語，合掌歎曰：趙州眼光，爍破四天下。州令僧問：如何是趙州眼？婆乃豎起拳頭。僧回，舉似趙州。州作偈曰：當機覿面提，覿面當機疾。報汝凌行婆，哭聲何得失？婆以偈答曰：哭聲師已曉，已曉復誰知。當時摩竭國，幾喪目前機。

> 哭聲何得失：不可哭時哭故也。
>
> 喪目前機：山云：喪失也。目前之機關也。
>
> 伎死禪和，如麻似粟：山云：無伎倆禪和也。
>
> 怎生イカンカ：山曰：芝各反，台州鄉談，与作麼生一般也。

機關：文句機謂機微，可發〔註24〕之義也。關謂關節，假之而
動也。

潭州龍山和尚章

問僧：甚麼處來？曰：老宿處來。師曰：老宿有何言句？曰：說則千句
萬句，不說則一字也無。師曰：恁麼則蠅子放卵。僧禮拜，師便打。

潭州龍山和尚：亦云隱山。

蠅子放卵：山云：隨處點污，才放便成蟲。如今夏間，一切物
生蟲者，皆蠅卵也。卵，矢也。

洞山與密師伯經由，見溪流菜葉，洞曰：深山無人，因何有菜隨流？莫
有道人居否？乃共議撥草溪行，五七里間，忽見師贏形異貌，放下行李問訊。
師曰：此山無路，闍黎從何處來？洞曰：無路且置，和尚從何而入？師曰：我
不從雲水來。洞曰：和尚住此山多少時邪？師曰：春秋不涉。洞曰：和尚先
住，此山先住。師曰：不知。洞曰：為甚麼不知？師曰：我不從人天來。洞
曰：和尚得何道理，便住此山？師曰：我見兩箇泥牛鬥入海，直至于今絕消
息。洞山始具威儀禮拜。便問：如何是主中賓？師曰：青山覆白雲。曰：如何
是賓中主？師曰：長年不出戶。曰：賓主相去幾何？師曰：長江水上波。曰：
賓主相見有何言說？師曰：清風拂白月。洞山辭退，師乃述偈曰：三間茅屋
從來住，一道神光萬境閑。莫把是非來辨我，浮生穿鑿不相關。因茲燒庵入
深山不見。後人號為隱山和尚。

襄州居士龐蘊

衡州衡陽縣人也。字道玄。世本儒業，少悟塵勞，志求真諦。唐貞元初
謁石頭。乃問：不與萬法為侶者是甚麼人？頭以手掩其口，豁然有省？後與
丹霞為友。一日，石頭問曰：子見老僧以來，日用事作麼？士曰：若問日用
事，即無開口處。乃呈偈曰：日用事無別，唯吾自偶諧。頭頭非取捨，處處沒
張乖。朱紫誰為號，丘山絕點埃。神通并妙用，運水及般柴。頭然之。曰：子
以緇邪，素邪？士曰：願從所慕。遂不剃染。云々。有語錄行於世。

朱紫誰為號，丘山絕點埃：山云：朱紫何為號，丘山何為高之
謂也。

〔註24〕發：原文漫糊不清。

士因賣漉籬，下橋喫撲，靈照見，亦去爺邊倒。士曰：你是甚麼？照曰：見爺倒地。某甲相扶。

撲：路也。踣者，僵也。

《五燈拔萃》卷三

《五燈會元》卷第四

百丈海禪師法嗣

> 百丈海禪師法嗣：閩人也，《傳灯》作閩縣〔註1〕人，在福州。

洪州黃檗希運章

裴乃贈詩一章曰：自從大士傳心印，額有圓珠七尺身。挂錫十年棲蜀水，浮盃今日渡漳濱。一千龍象隨高步，萬里香華結勝因。擬欲事師為弟子，不知將法付何人？師亦無喜色。自爾黃檗門風，盛于江表矣。〔註2〕

> 宛陵：宣州也。裴相國鎮。
>
> 蜀水：高安也。挂錫十年棲蜀水。
>
> 漳濱，浮盃今日渡：洪州城也。
>
> 江表：山云：江西湖南之渥際也。黃檗門風盛于江表矣。
>
> 漳：《傳灯》作章。洪州，豫章之水濱也。洪州城，在彼水濱故，裴公作《傳心法要·序》曰：有大禪師，号希運。住洪州高安縣黃檗山鷲峯下，海眾常千餘人，會昌二年廉于鍾陵，自山迎至州，憩龍興寺。旦夕問道。大中二年廉于宛陵，復礼迎至所部，寓開元寺云々。鍾陵，洪州也。宛陵，宣州也。觀此序所述，亦謂師先住高安黃檗，而裴公請至洪州，與前詩正合。逮其廉于宣州，雖復迎請，旦寓開元寺而已，初無建寺之說，不知本章何以差誤差此。

夫出家人，須知有從上來事分始得。且如四祖下牛頭，橫說豎說，猶未知向上關捩子。有此眼目，方辨得邪正宗黨。且當人事宜，不能體會得。云々。

> 當人事：山云：唐土以物送人曰人事。略以此當人情人事而已。
>
> 算將去：筭弄也，久後總被俗漢筭將去在。

福州長慶大安章

未聞玄極之理。乃孤錫遊方，將往洪井，路出上元。逢一老父謂師曰：師往南昌，當有所得。師即造百丈。云々。

〔註1〕原文作「懸」，徑改。
〔註2〕拔萃未抄原文，此補上。

洪井：山云：葛洪鍊丹井也。宜州、杭州皆有之。

上元縣：在建康府。

南昌縣：在洪州，乃百丈也。

上堂汝諸人總來就安，求覓甚麼？若欲作佛，汝自是佛，擔佛傍家走，如渴鹿趁陽燄相似，何時得相應去？汝欲作佛，但無許多顛倒攀緣妄想惡覺垢淨眾生之心，便是初心正覺佛，更向何處別討？所以安住溈山三十來年，喫溈山飯，屙溈山屎，不學溈山禪，祇看一頭水牯牛，若落路入草，便把鼻孔拽轉來，纔犯人苗稼即鞭撻調伏既久，可憐生受人言語，如今變作箇露地白牛，常在面前，終日露迥迥地，趁亦不去。汝諸人各自有無價大寶，從眼門放光，照見山河大地，耳門放光，領采一切善惡音響，如是六門，晝夜常放光明，亦各放光三昧，汝自不識取，影在四大身中，內外扶持，不教傾側，如人負重擔，從獨木橋上過，亦不教失腳，且道是甚麼物住持，便得如是，且無絲髮可見？豈不見誌公和尚云：內外追尋覓總無，境上施為渾大有？珍重。

露迥迥地：山云：目前分明也。

誌公：《傳燈》二九《誌公十二時頌》。

問：大用現前，不存軌則時如何？師曰：汝用得但用。僧乃脫膊，遶師三匝。師曰：向上事何不道取？僧擬開口，師便打。曰：這野狐精出去。

脫膊：山云：脫臂兒上衣，袒肩一同也。

問：雙峯上人，有何所得？師曰：法無所得。設有所得，得本無得。問：黃巢軍來，和尚向甚麼處回避？師曰：五蘊山中。曰：忽被他捉著時如何？師曰：惱亂將軍。

惱亂將軍：致謝語也。

天台平田普岸章

僧參，師打一拄杖。其僧近前把住拄杖。師曰：老僧適來造次。僧卻打師一拄杖。師曰：作家作家。云云。僧禮拜。師把住曰：是闍黎造次。僧大笑。師曰這箇師僧今日大敗也。

造次：《論語新注》云：造次，急遽，苟且之時。

臨濟訪師，到路口先逢一嫂在田使牛。濟問婢，平田路向甚麼處去？婢打牛一棒曰：這畜生到處走，到此路也不識。濟又曰：我問你平田路向甚麼處去？婢曰：這畜生五歲尚使不得。濟心語曰：欲觀前人先觀所使，便有抽

釘拔楔之意。及見師，師問：你還曾見我婢也未？濟曰：已收下了也。師遂問：近離甚處？濟曰：江西黃檗。師曰：情知你見作家來。濟曰：特來禮拜和尚。師曰：已相見了也。濟曰：賓主之禮，合施三拜。師曰：既是賓主之禮，禮拜著。有偈示眾曰：大道虛曠，常一真心。善惡莫思，神清物表。隨緣飲啄，更復何為？

　　　　欲觀前人先觀所使：諺。

　　　　平田：今名萬年。台州天台縣平田普岸禪師道場也。日本建仁
　　　　開山榮西到天台萬年寺，拜觀虛菴壞敞禪師，而後憂寺廢壞，遂捨
　　　　三千貫文錢，造萬年寺山門兩廊。見《江湖集抄》。

潭州石霜山性空章

　　僧問：如何是祖師西來意？師曰：如人在千尺井中，不假寸繩，出得此人，即答汝西來意。僧曰：近日湖南暢和尚出世，亦為人東語西話。師喚沙彌，拽出這死屍著。沙彌即仰山，山後問耽源，如何出得井中人？源曰：咄痴漢，誰在井中，山復問溈山，溈召惠寂，山應諾。溈曰：出也，山住後常舉前語。謂眾曰：我在耽源處得名，溈山處得地。

　　　　湖南暢和尚出世，亦為人東語西話：山云：亦是應機之語。

福州古靈神贊禪師

　　本州大中寺受業，後行腳遇百丈開悟，卻回受業。本師問曰：汝離吾在外，得何事業？曰：並無事業。遂遣執役。一日，因澡身命師去垢，師乃拊背曰：好所佛堂，而佛不聖。本師回首視之，師曰：佛雖不聖，且能放光。本師又一日在窗下看經，蜂子投窗紙求出。師覩之曰：世界如許廣闊不肯出，鑽他故紙，驢年去！遂有偈曰：空門不肯出，投窗也大癡。百年鑽故紙，何日出頭時？本師置經，問曰：汝行腳遇何人？吾前後見汝發言異常。師曰：某甲蒙百丈和尚指箇歇處。今欲報慈德耳。本師於是告眾致齋，請師說法。師乃登座，舉唱百丈門風曰：靈光獨耀，迥脫根塵。體露真常，不拘文字。心性無染，本自圓成。但離妄緣，即如如佛。本師於言下感悟曰：何期垂老得聞極則事。師後住古靈，聚徒數載。臨遷化，剃浴聲鐘告眾曰：汝等諸人，還識無聲三昧否？眾曰：不識。師曰：汝等靜聽，莫別思惟。眾皆側聆。師儼然順寂，塔存本山。

　　　　福州古靈神贊禪師：《聯燈》云：古靈禪師有法眷三人，同出遊

方，唯師參百丈，發明心地，後歸授業，侍立其師。師云：汝等遊方，得何授業？第一人云：某甲自辭和尚，在外讀書，粗能著文。第二人云：某甲自辭和尚，聽三本經論。師出云：某甲自辭和尚在外，一如未遊方時。其師咄云：這愚癡癩，大師兄能著文，小師兄能通經論。汝卻言，一如未遊方時，辱我何多？今後只在廚下執役，其師一日澡浴，命師去垢。云々。

京兆衛國院道章

新到參，師問：何方來？曰：河南來。師曰：黃河清也未？僧無對。溈山代云：小小狐兒，要過但過，用疑作甚麼？師不安，不見客。有人來謁。乃曰：久聆和尚道德，忽承法體遺和，略請和尚相見。師將鉢鐼盛鉢橀令侍者擎出呈之。其人無對。

> 鉢鐼：鉢中鐼子。言鉢子也。鉢橀底小楪也。或云：除頭鉢外，皆名鐼。鐼音糞，稽音支。

洪州東山慧章

遊山，見一巖。僧問：此巖還有主也無？師曰：有。曰：是甚麼人？師曰：三家村裏覓甚麼？曰：如何是巖中主？師曰：汝還氣急麼？問：主人意氣急麼也？小師行腳回。師問：汝離吾在外多少時邪？曰：十年。師曰：不用指東指西，直道將來。曰：對和尚不敢謾語。師喝曰：這打野�漢。師同大于、南用到茶堂，有僧近前不審。用曰：我既不納汝，汝亦不見我。不審阿誰？僧無語。師曰：不得平白地恁麼問伊。用曰：大于亦無語那。于把定其僧曰：是你恁麼累我亦然。便打一摑。用大笑曰：朗月與青天。

《聯燈》云：三家村裏漢，無覓甚麼三字。

> 平白地：山云：顯露之義也。

> 打野榝漢：《聯燈》二一，如福州諺曰：打野堆者，成堆打鬨也。今《明招錄》中作打野榝。後來圓悟《碧岩集》中解云：野榝乃山上燒不過底火柴頭語也。《事苑》第一，榝卓皆反，枯木根出貌。遠浮山《九帶》作野狸。《碧巖》第五，四十八則云：明招云：朗上座喫卻招慶飯了，卻去江外打野榝。野榝即是荒野中火燒底木橛謂之野榝。用明朗上座不向正處行卻向外邊走。

南泉願禪師法嗣

趙州觀音院從諗章

　　童稚於本州扈通院從師披剃。未納戒便抵池陽，參南泉。值泉偃息而問曰：近離甚處？師曰：瑞像。泉曰：還見瑞像麼？師曰：不見瑞像，祇見臥如來。泉便起坐，問：汝是有主沙彌，無主沙彌？師曰：有主沙彌。泉曰：那箇是你主？師近前躬身曰：仲冬嚴寒，伏惟和尚尊候萬福。泉器之，許其入室。云々。

　　　　趙州觀音院：亦曰東院。

　　　　起坐：蒼皇而起也。

　　　　瑞像：《傳燈》作瑞像院。

　　　　有主沙彌：山云：事上如此，有師無師理。

　　往嵩嶽瑠璃壇納戒。仍返南泉。一日問泉曰：知有底人向甚麼處去？泉曰：山前檀越家作一頭水牯牛去。師曰：謝師指示。泉曰：昨夜三更月到窗。泉曰：今時人，須向異類中行始得。師曰：異即不問，如何是類？泉以兩手拓地。師近前一踏，踏倒。卻向涅槃堂裏叫曰：悔！悔！泉令侍者問：悔箇甚麼？師：悔不更與兩踏。

　　　　瑠璃壇：每一州建戒壇。國王忌辰之日，集會處之沙彌，看經
　　　　持咒，為大僧也。戒師者禪律不定也。

　　　　拓地：拓撻格切。手推物也。

　　曰：某甲不招納時如何？師佯不聞。僧無語。師曰：去。石幢子被風吹折。僧問：陀羅尼幢子作凡去，作聖去？師曰：也不作凡，亦不作聖。曰：畢竟作甚麼？師曰：落地去也。

　　　　招納：領納義也。山云：不肯招賢納士也。

　　　　陀羅尼幢子：山云：刊陀羅尼在石塔上，故以答名也。

　　僧辭，師曰：甚麼去？曰：諸方學佛法去。師豎起拂子曰：有佛處不得住，無佛處急走過。三千里外，逢人不得錯舉。曰：與麼則不去也。師曰：摘楊華，摘楊華。

　　　　摘楊華：村野事也。鄙野之曲名。揚州有則天之墓。有楊華，
　　　　則天忌日，風俗詣彼墓，摘楊華，云々。或云：趙州目二八處々皆
　　　　有楊華，諸人只認楊華，在則天之墓。

大眾晚參，師曰：今夜答話去也。有解問者出來。時有一僧便出禮拜。師曰：比來拋甎引玉，卻引得箇墼子。保壽云：射虎不真，徒勞沒羽。長慶問覺上座云：那僧纔出禮拜，為甚麼便收伊為墼子？覺云：適來那邊亦有人恁麼問。慶云：向伊道甚麼？覺云：也向伊恁麼道。玄覺云：甚麼處卻成墼子去，叢林中道纔出來？便成墼子，祇如每日出入，行住坐臥，不可總成墼子。且道這僧出來，具眼不具眼。

墼：吉歷反，未燒磚也。

射虎不真，徒勞沒羽：西漢李廣北平出獵。見草中石，以為虎
而射之，中石沒鏃。視之石也。因復射之，終不能入矣。

師因老宿問：近離甚處？曰：滑州。宿曰：幾程到這裏？師曰：一蹋到。宿曰：好箇捷疾鬼。師曰：萬福大王。宿曰：參堂去。師應喏喏。

蹋：足跌。言一蹋之間到也。

喏：音惹，敬辭。

問：如何是賓中主？師曰：山僧不問。婦曰：如何是主中賓？師曰：山僧無丈人。

不問婦，無丈人：言以夫婦為賓主也。

師因出，路逢一婆。婆問：和尚住甚麼處？師曰：趙州東院西。婆無語。師歸問眾僧，合使那箇西字。或言東西字，或言棲泊字。師曰：汝等總作得鹽鐵判官。曰：和尚為甚恁麼道？師曰：為汝總識字。法燈別眾僧云：已知去處。

鹽鐵判官：山云：鹽鐵共司國王賣買之官也。極有文才也。

其僧到投子，子問：近離甚處？曰：趙州。子曰：趙州有何言句？僧舉前話。子曰：汝會麼？曰：不會。乞師指示。子下禪牀，行三步卻坐。問曰：會麼？曰：不會。子曰：你歸舉似趙州。其僧卻回，舉似師。師曰：還會麼？曰：不會。師曰：投子與麼，不較多也。

不較多：不盡了義。

問：僧發足甚麼？曰：雪峰。示師曰：雪峰有何言句示人？曰：尋常道盡十方世界，是沙門一隻眼。你等諸人，向甚處屙？師曰：闍黎若回，寄箇鍬子去。

寄箇鍬子去：言雪峰已屙了也。

又問：至道無難，唯嫌揀擇？如何是不揀擇？師曰：天上天下，唯我獨尊。曰：此猶是揀擇。師曰：田庫奴，甚處是揀擇？僧無語。

> 田庫奴：《碧巖》五十七則云：乃福唐人鄉語，罵人似無意智相
> 似。《事苑》：或夜切，姓也。非義。當作舍。禪錄多作庫而復語後
> 學，云々。

上堂：兄弟若從南方來者，即與下載，若從北方來者，即與上載。所以道，近上人問道即失道，近下人問道即得道。

> 上載：向去也。下載者卻來也。又上載船積物也。馬駄物也。
> 下載，舟下物也。馬脫物也。圜悟云：上載者，說玄妙心性，種々
> 方便也。下載者，無義理玄妙種々道理也。
>
> 失道：卻來也。得道者，向去也。
>
> 上人，下人：上載下載之上下也。上二近キ人，下二近キ人ト
> ヨム。

師因與文遠行，乃指一片地曰：這裏好造箇巡鋪。文遠便去路傍立曰：把將公驗來。師遂與一摑。遠曰：公驗分明過。師與文遠論義曰：鬪劣不鬪勝。勝者輸果子。遠曰：請和尚立義。師曰：我是一頭驢。遠曰：我是驢胃。師曰：我是驢糞。遠曰：我是糞中蟲。師曰：你在彼中作甚麼？遠曰：我在彼中過夏。師曰：把將果子來。

> 巡鋪：地頭所由住處也。
>
> 公驗：公家之文字也。公驗分明通來也。或云：通詞字。
>
> 驢胃：驢之尾孔也。

新到參，師問：甚麼處來？曰：南方來。師曰：佛法盡在南方，汝來這裏作甚麼？曰：佛法豈有南北邪？師曰：饒汝從雪峰、雲居來，祇是箇擔板漢。崇壽稠云：和尚是據客置主人。

> 據客置主人：山云：有客了方具主人禮。

上堂：纔有是非，紛然失心，還有答話分也無？僧舉似洛浦，浦扣齒。又舉似雲居，居曰：何必。僧回舉似師。師曰：南方大有人喪身失命。曰：請和尚舉。師纔舉前語，僧指傍僧曰：這箇師僧喫卻飯了，作恁麼語話。師休去。

> 洛浦：雲居共在南方也。
>
> 扣齒：道士咒物之時也。

問：久嚮趙州石橋，到來祇見略彴？師曰：汝祇見略彴，且不見石橋。
曰：如何是石橋？師曰：度驢度馬。曰：如何是略彴？師曰：箇箇度人。後有
如前問，師如前答。又僧問：如何是石橋？師曰：過來！過來！雲居錫云：趙
州為當扶石橋，扶略彴？

　　　略彴：獨木之橋曰彴。謂水上橫一木為渡也。

問僧：甚麼處來？曰：從南來。師曰：還知有趙州關否？曰：須知有不
涉關者。師曰：這販私鹽漢。

　　　販私鹽漢：道不涉關，則恐是販私鹽漢。隱覆怖他官家，而不
　　　涉關也。故云。

問：二龍爭珠，誰是得者？師曰：老僧祇管看。

　　　二龍爭珠：無出處也。

問：空劫中還有人脩行也無？師曰：汝喚甚麼作空劫？曰：無一物是。
師曰：這箇始稱得脩行，喚甚麼作空劫？僧無語。

　　　空劫中還有人脩行也無：或云：無心中還有脩行也無？

　　　這箇始稱得脩行：言本來無一物，是猶脩行未為空卻。

問：夜生兜率，晝降閻浮，於其中間，摩尼珠為甚麼不現？師曰：道甚
麼？其僧再問。師曰：毗婆尸佛早留心，直至如今不得妙。

　　　無著菩薩，夜昇觀史多天，於慈氏菩薩所，受瑜伽論等。晝則
　　　下天為眾說法。即健陀羅國人也。佛滅度一千年中，出現於世。《傳
　　　燈》摩尼珠作牟尼。山云：說如來事也。古有此語耳。不可曉也。
　　　或云：如此作用之人多。所謂天親無著等，是也。言其作用已自在，
　　　為甚麼本分事不現前也手？梁武帝使張僧瑤寫志公真，遂寫不得。
　　　志公擘破面，現十二面觀音像，曰：毗婆尸佛早留心，直至如今不
　　　得妙。

問院主，甚麼處來？主曰：送生來。師曰：鵶為甚麼飛去？主曰：怕某
甲。師曰：汝十年知事作恁麼語話？主卻問：鵶為甚麼飛去？師曰：院主無
殺心。

　　　院主無殺心：有殺心之謂也。翻轉云爾。

問：如何是毗盧圓相？師曰：老僧自幼出家，不曾眼華。曰：豈不為人？
師曰：願汝常見毗盧圓相。

　　　圓相：圓光也。

官人問：和尚還入地獄否？師曰：老僧末上入。曰：大善知識為甚麼入地獄？師曰：我若不入，阿誰教化汝？

> 末上：最初之謂也。

真定師王公攜諸子入院，師坐而問曰：大王會麼？王曰：不會。師曰：自小持齋身已老，見人無力下禪牀。王尤加禮重。翌日令客將傳語，師下禪牀受之。侍者曰：和尚見大王來，不下禪牀。今日軍將來，為甚麼卻下禪牀？師曰：非汝所知。第一等人來，禪牀上接；中等人來，下禪牀接；末等人來，三門外接。因侍者報大王來也，師曰：萬福大王。者曰：未到在。師曰：又道來也。

> 翌：明也。明日曰翌日也。

> 客將：或云：官家將命接客之將士也。

問：和尚姓甚麼？師曰：常州有。曰：甲子多少？師曰：蘇州有。

> 常州有，蘇州有：方語，好猷子。又見《外集抄拾遺》。

問：學人有疑時如何？師曰：大宜小宜。曰：大疑。師曰：大宜東北角，小宜僧堂後。

> 大宜小宜：宜字與便字同用也。

師魚鼓頌曰：四大由來造化功，有聲全貴裏頭空。莫嫌不與凡夫說，祇為宮商調不同。

> 魚鼓：木魚也。

湖南長沙景岑招賢禪師

僧問：如何是沙門眼？師曰：長長出不得。又曰：成佛成祖出不得，六道輪回出不得。僧曰：未審出箇甚麼不得？師曰：晝見日，夜見星。曰：學人不會。師曰：妙高山色青又青。

> 湖南長沙景岑招賢禪師：《傳燈》曰號招賢大師。

> 長長：長時之義也。又曰：沙門眼廣大也。故縱有許多長大物來，不得出這裏。

> 妙高山色青又青：猶是言見底事也。

問：教中道而常處此菩提座，如何是座？師曰：老僧正坐，大德正立。

> 而常處此菩提座：《華嚴經》文。

問：如何是大道？師曰：沒卻汝。問：諸佛師是誰？師曰：從無始劫來，承誰覆蔭。曰：未有諸佛已前作麼生？師曰：魯祖開堂，亦與師僧東道西說。

魯祖開堂，亦與師僧東道西說：山云：說不得。或云：僧問未
有諸佛以前者，故以當代之事答。

問曰：百千諸佛，但見其名，未審居何國土？還化物也無？師曰：黃鶴
樓崔顥題後，秀才還曾題也未？曰：未曾。師曰：得閑題取一篇好。

皓月供奉問：天下善知識證三德涅槃也未？師曰：大德問果上涅槃，因
中涅槃。曰：問果上涅槃。師曰：天下善知識未證。曰：為甚麼未證？師曰：
功未齊於諸聖。曰：功未齊於諸聖，何為善知識？師曰：明見佛性，亦得名為
善知識。曰：未審功齊何道，名證大涅槃。師示偈曰：摩訶般若照，解脫甚深
法。法身寂滅體，三一理圓。常欲識功齊處，此名常寂光。曰：果上三德涅
槃，已蒙開示，如何是因中涅槃？師曰：大德是。

三德：法身，般若，解脫也。涅槃者，三德通體也。字初住至
等覺為因，妙覺為果也。三德即一涅槃也。如是圓常，是曰大涅槃
矣。

月又問：教中說幻意是有邪？師曰：大德是何言歟？曰：恁麼則幻意是
無邪？師曰：大德是何言歟？曰：恁麼，則幻意是不有不無邪？師曰：大德
是何言歟？曰：如某三明盡，不契於幻意，未審和尚如何明教中幻意？師曰：
大德信一切法不思議否？曰：佛之誠言，那敢不信。師曰：大德言信，二信之
中是何信？曰：如某所明，二信之中是名緣信。師曰：依何教門得生緣信？
曰：《華嚴》云：菩薩摩訶薩以無障無礙智慧，信一切世間境界，是如來境界。
又《華嚴》云：諸佛世尊，悉知世法及諸佛法性無差別，決定無二。又《華
嚴》云：佛法世間法，若見其真實，一切無差別。師曰：大德所舉緣信教門甚
有來處？聽老僧與大德明教中幻意。若人見幻本來真，是則名為見佛人。圓
通法法無生滅，無滅無生是佛身。蚯蚓斷為兩段，兩頭俱動，未審佛性在阿
那頭。師曰：動與不動是何境界？曰：言不干典，非智者之所談。祇如和尚言
動與不動是何境界？出自何經？師曰：灼然！言不干典，非智者之所談。大
德豈不見《首楞嚴》云：當知十方無邊，不動虛空，并其動搖，地水火風，均
名六大，性真圓融，皆如來藏，本無生滅。師示偈曰：最甚深，最甚深，法界
人身便是心。迷者迷心為眾色，悟時剎境是真心。身界二塵無實相，分明達
此號知音。月又問：如何是陀羅尼？師指禪床右邊曰：這箇師僧卻誦得。曰：
別還有人誦得否？師又指禪床左邊曰：這箇師僧亦誦得。曰：某甲為甚麼不

聞？師曰：大德豈不知道，真誦無響，真聽無聞？曰：恁麼，則音聲不入法界性也。師曰：離色求觀非正見，離聲求聽是邪聞。曰：如何是不離色是正見，不離聲是真聞？師示偈曰：滿眼本非色，滿耳本非聲。文殊常觸目，觀音塞耳根。會三元一體，達四本同真。堂堂法界性，無佛亦無人。

僧問：南泉道，三世諸佛不知有，貍奴白牯卻知有？為甚麼三世諸佛不知有？師曰：未入鹿苑時，猶較些子。曰：貍奴白牯為甚麼卻知有？師曰：汝爭怪得伊。

鹿苑：非師住處之鹿苑也。意曰：纔赴波羅說法，則落二落三。

僧問：和尚繼嗣何人？師曰：我無人得繼嗣。曰：還參學也無？師曰：我自參學。曰：師意如何？師有偈曰：虛空問萬象，萬象答虛空。誰人親得聞，木叉卝角童？

木叉卝角童：言童兒丫髻，似木叉形。山云：木叉之貌，似卝角也。

問：如何是平常心？師曰：要眠即眠，要坐即坐。曰：學人不會，意旨如何？師曰：熱即取涼，寒即向火。問：向上一路，請師道？師曰：一口針，三尺線。曰：如何領會？師曰：益州布，揚州絹。

益州布，揚州絹：山云：皆道地也。

問：動是法王苗，寂是法王根？如何是法王？師指露柱曰：何不問大士？

寓言於根苗，動靜義，可見。：

師與仰山翫月次，山曰：人人盡有這箇，祇是用不得。師曰：恰是倩汝用。山曰：你作麼生用？師劈胸與一踏。山曰：団！直下似箇大蟲。長慶云：前彼此作家，後彼此不作家。乃別云：邪法難扶。自此諸方稱為岑大蟲。

団：団戶臥切。牽船聲。

問：本來人還成佛也無？師曰：汝見大唐天子還自種田割稻麼？曰：未審是何人成佛？師曰：是汝成佛。僧無語。師曰：會麼？曰：不會。師曰：如人因地而倒，依地而起？地道甚麼？

地道甚麼：言起倒在人，地本無心。

三聖令秀上座問曰：南泉遷化向甚麼處去？師曰：石頭作沙彌時參見六祖。秀曰：不問石頭見六祖，南泉遷化向甚麼處去？師曰：教伊尋思去。秀曰：和尚雖有千尺寒松，且無抽條石筍。師默然。秀曰：謝和尚答話。師亦默然。秀回舉似三聖。聖曰：若恁麼猶勝臨濟七步。然雖如此，待我更驗看。

至明日，三聖上問：承聞和尚昨日答南泉遷化一則話，可謂光前絕後今古罕聞？師亦默然。僧問：如何是文殊？師曰：牆壁瓦礫是。曰：如何是觀音？師曰：音聲語言是。曰：如何是普賢？師曰：眾生心是。曰：如何是佛？師曰：眾生色身是。曰：河沙諸佛體皆同，何故有種種名字？師曰：從眼根返源名文殊，耳根返源名觀音，從心返源名普賢。文殊是佛妙觀察智，觀音是佛無緣大慈，普賢是佛無為妙行。三聖是佛之妙用，佛是三聖之真體。用則有河沙假名，體則總名一薄伽梵。

《佛地論》云：薄伽梵聲依六義轉。一自在，二熾盛，三瑞巖，四名稱，五吉祥，六尊貴。五種不翻中，多含不翻也。

問：色即是空，空即是色，此理如何？師曰：聽老僧偈，礙處非牆壁，通處沒虛空。若人如是解，心色本來同。又曰：佛性堂堂顯現，住性有情難見。若悟眾生無我，我面何如佛面？

住性：耽著性邊者也。乃定性聲聞也。

問：第六第七識及第八識畢竟無體，云何得名轉第八為大圓鏡智師？示偈曰：七生依一滅，一滅持七生。一滅滅亦滅，六七永無遷。

七生：七識也。一滅者，八識也。法相名目也。

七生依一滅：言七識從八識生也。《夢相論》云：第八云一，第七云一，云々。故第八云一識者，堪入合堪，故云滅也。滅亦滅滅無邊。八識田中下一刀了，六七等識，長無遷變也。

問：蚯蚓斷為兩段，兩頭俱動，未審佛性在阿那頭？師曰：妄想作麼？曰：其如動何？師曰：汝豈不知火風未散。問：如何轉得山河國土歸自己去？師曰：如何轉得自己成山河國土去？曰：不會。師曰：湖南城下好養民，米賤柴多足四鄰。僧無語。師示偈曰：誰問山河轉，山河轉向誰？圓通無兩畔，法性本無歸。華嚴座主問：虛空為定有，為是定無？師曰：言有亦得，言無亦得。虛空有時但有假有，虛空無時但無假無？曰：如和尚所說，有何教文？師曰：大德豈不聞《首楞嚴》云：十方虛空生汝心內，猶如片雲點太清裏？豈不是虛空生時但生假名？又云：汝等一人發真歸源，十方虛空悉皆消殞。豈不是虛空滅時但滅假名？老僧所以道，有是假有，無是假無。又問：經云如淨琉璃中內現真金像，此意如何？師曰：以淨琉璃為法界體，以真金像為無漏智。體能生智，智能達體。故云如淨琉璃中內現真金像。

經云：《法華經》。

問：如何是上上人行處？師曰：如死人眼。曰：上上人相見時如何？師曰：如死人手。

> 如死人眼，如死人手：手雖有手眼而不用者，不涉作用之謂也。

問：如何是學人心？師曰：盡十方世界是你心。曰：恁麼則學人無著身處也。師曰：是你著身處。曰：如何是著身處？師曰：大海水深又深。曰：學人不會。師曰：魚龍出入任升沈。

> 大海水深又深：是亦與盡十方世界，異文同意。

問：有人問和尚，即隨因緣答，無人問和尚時如何？師曰：因則睡，健則起。曰：教學人作麼生會？師曰：夏天赤骨力，冬寒須得被。

> 赤骨力：山云：赤倮倮之貌。

問：亡僧遷化甚麼處去也？師示偈曰：不識金剛體，卻喚作緣生。十方真寂滅，誰在復誰行。師讚南泉真曰：堂堂南泉，三世之源。金剛常住，十方無邊。生佛無盡，現已卻還。久依南泉，有投機偈曰：今日還鄉入大門，南泉親道遍乾坤。法法分明皆祖父，回頭慙愧好兒孫。泉答曰：今日投機事莫論，南泉不道遍乾坤，還鄉盡是兒孫事，祖父從來不出門。

> 大意，以南泉當這簡事。《法華經》一簡南泉，充滿乾坤也。

勸學偈曰：萬丈竿頭未得休，堂堂有路少人遊。禪師願達南泉去，滿目青山萬萬秋。

> 達南泉去：師時在南泉作也。

臨濟云：赤肉團上，有一無位真人。師因有偈曰：萬法一如不用揀，一如誰揀誰不揀。即今生死本菩提，三世如來同簡眼。誠斫松竹偈曰：千年竹，萬年松。枝枝葉葉盡皆同。為報四方玄學者，動手無非觸祖公。

鄂州菜萸山和尚章

趙州到雲居，居曰：老老大大，何不覓簡住處？曰：甚麼處住得？居曰：山前有簡古寺基。州曰：和尚自住取。後到師處。師曰：老老大大何不覓簡住處？州曰：向甚處住？師曰：老老大大住處也不知。州曰：三十年弄馬騎，今日卻被驢撲。雲居錫云：甚麼處是趙州被驢撲處？

> 馬騎：《傳燈》作馬伎。撲，挨也，踣也。撲，訓擲，見《韓文集注》。

眾僧侍立次，師曰：祇恁麼白立，無箇說處，一場氣悶。僧擬問：師便打？曰：為眾竭力。便入方丈。

　　白立：《法華經》無用而立也。和訓，白布而（シラフニシテ）
　　立也。

有行者參師曰：會去看趙州麼？曰：和尚敢道否？師曰：非但茱萸，一切人道不得。曰：和尚放某甲過。師曰：這裏從前不通人情。曰：要且慈悲心在。師便打。曰：醒後來為汝。

　　和尚敢道否：《法華經》看趙州即且置，和尚為某甲即今敢道得
　　否？《心華抄》。

荊南白馬曇照章

常曰：快活！快活！及臨終時叫：苦！苦！又曰：閻羅王來取我也。院主問曰：和尚當時被節度使拋向水中，神色不動，如今何得恁麼地？師舉枕子曰：汝道當時是，如今是？院主無對。法眼代云：此時但掩耳出去。

　　此乃天王悟事。丘玄素具載碑中。今從《傳燈》不復移改。白
　　馬雲照，是誤也。當作荊南天王道悟也。

鄧州香嚴下堂義端章

上堂：兄弟，彼此未了，有甚麼事相共商量？我三五日即發去也。如今學者，須了卻今時，莫愛他向上人無事。兄弟，縱學得種種差別義路，終不代得自己見解。畢竟著力始得，空記持他巧妙章句，即轉加煩亂去。汝若欲相應，但恭恭地盡，莫停留纖毫，直似虛空，方有少分。

　　我三五日即發去也：即登去也。山云：起發而去，即死之謂也。
　　恭恭地：勤貌。

問：某甲不問閑事，請和尚答話？師曰：更從我覓甚麼？曰：不為閑事。師曰：汝教我道。

　　佛性：《涅槃經》二十八：眾生佛性六。有二種因：一者正因，
　　二者緣因。正因者，謂諸眾生。緣因者，謂六波羅蜜。緣因即是簡因。

池州靈鷲閑禪師和尚章

問：今日供養西川無染大師，未審還來否？師曰：本自無所至，今豈隨風轉？曰：恁麼則供養何用？師曰：功力有為，不換義相涉。

功力有為，不換義相涉：不換，不或作互。《法華經》縱有為功
力，互換而又涉無為也。《法華經》世間一切造作，皆是有為之功。
其義，有互換交涉也。而此義與平生相涉也。

蘇州西禪和尚章

曰：學人取次發言，乞師慈悲。峰曰：盡乾坤是箇眼，汝向甚麼處蹲坐？
僧無語。

　　　取次：漫也。和訓，シドロモドロ也。

池州甘贄行者

一日入南泉設齋，黃檗為首座。行者請施財，座曰：財法二施，等無差
別。甘曰：恁麼道，爭消得某甲齋？便將出去。須臾復入，曰：請施財。座
曰：財法二施，等無差別。甘乃行齋。又一日，入寺設粥，仍請南泉念誦。泉
乃白椎曰：請大眾為狸奴白牯念《摩訶般若波羅蜜》。甘拂袖便出。

　　　財法二施，等無差別：布施咒願也。

　　　咒願：今呼念誦回施也。《十誦律》曰：佛言：應答施主種々讚

　　　歎咒願。若上座不能，即次座能者作。

問一僧，甚麼處來？曰：溈山來。甘曰：曾有僧問溈山，如何是西來意？
溈山舉起拂子。上座作麼生會溈山意？曰：借事明心，附物顯理。甘曰：且
歸溈山去好。保福聞之，乃仰手覆手。

　　　仰手覆手：不一定之謂也。抑下之。

鹽官安國法嗣

襄州關南道常章

僧問：如何是西來意？師舉拄杖，曰：會麼？曰：不會。師便打。師每
見僧來參禮，多以拄杖打趁。或曰：遲一刻。或曰：打動關南鼓。而時輩鮮有
唱和者。

　　　遲一刻：山云：嗟過了也。

洪州雙嶺玄真章

初問道吾，無神通菩薩為甚麼足迹難尋？吾曰：同道者方知。師曰：和
尚還知否？吾曰：不知。師曰：何故不知？吾曰：去！你不識我語。師後於鹽
官處悟旨焉。

無神通菩薩為甚麼足迹難尋：山云：既是未有神通菩薩，其足
迹因甚難尋。此亦垂機之問。

杭州徑山鹽宗章

徑山：開山國一，第二世鑒，第三世洪諲也。

歸宗常禪師法嗣

五臺山智通禪師和尚章

初在歸宗會下，忽一夜連叫曰：我大悟也。眾駭之。明日上堂眾集。宗
曰：昨夜大悟底僧出來。師出曰：某甲。宗曰：汝見甚麼道理，便言大悟？試
說看。師曰：師姑元是女人作。宗異之，師便辭去。

師姑：尼之通稱也。梵尼，華翻女也。

大梅常禪師法嗣

新羅國迦智章

僧問：如何是西來意？師曰：待汝裏頭來，即與汝道。問：如何是大梅
的旨？師曰：酪本一時拋。

酪本一時拋：《法華經》搖鑽酪了，共糟捨之也。

酪本一時拋：源云：大意，乳出酥酪醍醐一一者。言不本末枝
葉之謂也。所謂無一法可傳也。山云：乳出酪也，酪中出酥，酥中
醍醐也。用處，酪酪和根本醍醐，而一時放下，忘滋味之謂也。

天童佛光滿禪師法嗣

杭州刺史白居易章

杭州刺史白居易，字樂天。久參佛光得心法，兼稟大乘金剛寶戒。元和
中造于京兆興善法堂，致四問。語見《興善章》。十五年，牧杭州，訪鳥窠
和尚，有問答語句。見《鳥窠章》。嘗致書于濟法師，以佛無上大慧演出教
理，安有徇機高下，應病不同，與平等一味之說相反。援引維摩及金剛三昧
等六經，闢二義而難之。又以五蘊十二緣說名色，前後不類，立理而徵之。
並鉤深索隱，通幽洞微，然未覯法師醻對，後來亦鮮有代答者。復受東都凝
禪師八漸之目，各廣一言而為一偈。釋其旨趣，自淺之深，猶貫珠焉。凡守

任處多訪祖道，學無常師，後為賓客，分司東都。罄己俸脩龍門香山寺。寺
成自撰記。凡為文動關教化，無不贊美佛乘，見于本集。其歷官次第歸全代
祀，即史傳存焉。

　　六經：《維摩》《首楞嚴三昧經》《法華經》，此三經徇機高下。《法
　　王經》《金剛三昧經》《金剛經》，此三經，以一味道，不以小乘也。
　　十二緣：無明、行、識、色、六入、觸、受、愛、取，有、生、
　　老死。

五洩默禪師法嗣

福州龜山正元章

　　福州龜山正元禪師，宣州蔡氏子。嘗述偈示徒。一曰：滄溟幾度變桑田，
唯有虛空獨湛然。已到岸人休戀筏，未曾度者要須船。二曰：尋師認得本心
源，兩岸俱玄一不全。是佛不須更覓佛，祇因如此便忘緣。咸通十年終于本
山，謚性空大師。

　　一不全：去處不存也。

蘇溪和尚章

　　蘇溪和尚，僧問：如何是定光佛？師曰：鴨吞螺師。曰：還許學人轉身
也無？師曰：眼睛突出。

　　蘇溪和尚：蘇溪作《牧牛歌》人也。
　　眼睛突出：吞螺了故。螺，田螺（タツブ）也。

盤山積禪師法嗣

鎮州普化和尚章

　　不知何許人也。師事盤山，密受真訣，而佯狂出言無度。暨盤山順世，
乃於北地行化。或城市，或塚間，振一鐸曰：明頭來，明頭打。暗頭來，暗頭
打。四方八面來，旋風打。虛空來，連架打。云々。

　　連架打：《事苑》第二，架當作枷，音加，拂也。《說文》擊禾
　　連扣。如僧問：普化明暗俱來時如何？曰：連架打。方言曰：連架
　　打穀者也。
　　師見馬步使出喝道，師亦喝道作相撲勢，馬步使令人打五棒。師曰：似
即似，是即不是。

馬步使：山云：領軍馬之官也。鏡堂云：敕使云殿使又云馬步

使。和訓ノ，カチハシリ也。

乃辭眾曰：普化明日去東門死也。郡人相率送出城。師厲聲曰：今日葬

不合青烏。

不合青烏：風俗通，漢有青烏子，善數術。唐文藝志，葬書有

青烏子三奏。

小廝兒：《事苑》七，廝音斯従使者也。方言，入聲呼。山云：

鄉談，小児〔註3〕也。

章敬暉禪師法嗣

京兆大薦福寺弘辨章

四報：國王、父母、師僧、檀那。

迷者四相：謂認四大為我相。離我視他為人相。衰〔註4〕風所

觸而生厭離，是眾生相。忽觸利〔註5〕風，而生應着，是壽者相。

悟者四相：謂於〔註6〕所學〔註7〕習，忽悟自心是我相。久〔註8〕

之悟跡〔註9〕既遣，證理猶〔註10〕存，是人相。悟證俱消，存有所

了，是眾生相。覺所了故，知覺〔註11〕未忘〔註12〕，是壽者相。

福州龜山智具章

上堂：動容瞬目，無出當人。一念淨心，本來是佛。仍說偈曰：心本絕塵

何用洗，身中無病豈求醫。欲知是佛非身處，明鑑高懸未照時。後值武宗沙

汰，有偈示眾曰：勅命如雷下翠微，風前垂淚脫禪衣。雲中有寺不容住，塵

裏無家何處歸？明月分形處處新，白衣寧墜解空人。誰言在俗妨修道？金粟

〔註3〕児：同「兒」。

〔註4〕衰：字漫糊不清。

〔註5〕利：疑為「和」。

〔註6〕於：字漫糊不清。

〔註7〕學：字漫糊不清。

〔註8〕久：字漫糊不清。

〔註9〕跡：字漫糊不清。

〔註10〕猶：字漫糊不清。

〔註11〕知覺：字漫糊不清。

〔註12〕忘：字漫糊不清。

曾為居士身。忍僊林下坐禪時，曾被歌王割截肢。況我聖朝無此事，祇令休道亦何悲？暨宣宗中興，乃不復披緇。咸通六年終于本山，謚歸寂禪師。

> 白衣寧墜解空人：《法華經》雖白衣世俗之身，而寧墜善現等解空人之境界乎？所以如問淨名居士也。《心華》。

華嚴藏禪師法嗣

黃州齋安章

僧問：如何識得自己佛？師曰：一葉明時消不盡，松風韻罷怨無人。曰：如何是自己佛？師曰：草前駿馬實難窮，妙盡還須畜生行。

> 一葉明時消不盡，松風韻罷怨無人：源云：古教不能照心，祖師玄旨不會，卻怨無人。山云：一種事也。或云：於一枝一葉上，分明受用不盡也。

> 草前駿馬實難窮，妙盡還須畜生行：山云：此草前駿馬，其意情實難窮，雖然其妙盡時，本畜生行也。

師有偈曰：猛燄燄中人有路，旋風頂上屹然樓。鎮常歷劫誰差互，杲日無言運照齊。

黃檗運禪師法嗣

睦州陳尊宿章

目有重瞳，面列七星，形相奇特，與眾奪倫。

> 睦州陳尊宿：諱道明。

> 面列七星：面上黑子，如七星也。

> 與眾奪倫：《法華經》拔群之義。

> 自領出去：源云：自擔取去。負罪之謂也。

> 吽吽：不肯之意也。

問：如何是向上一路？師曰：要道有甚麼難？曰：請師道。師曰：初三十一，中九下七。

> 初三十一，中九下七：出行不吉日。

問：以一重去一重即不問，不以一重去一重時如何？師曰：昨朝栽茄子，今日種冬瓜。

> 以一重去一重：《法華經》求真除妄也。

不以一重去一重：《法華經》不求真不除妄也。

問：一句道盡時如何？師曰：義墮也。曰：甚麼處是學人義墮處？師曰：三十棒教誰喫？

三十棒教誰喫：《法華經》教誰打汝也。

高揖釋迦，不拜彌勒：《事苑》云：乃禪家絕聖凡之謂也。

秀才訪師，稱會二十四家書。師以拄杖空中點一點，曰：會麼？秀才罔措。師曰：又道會二十四家書？永字八法也不識。

二十四家書：古文、大篆、小篆、隸字、楷字等有二十四類也。

上堂：裂開也在我，捏聚也在我。時有僧問：如何是裂開？師曰：三九二十七，菩提涅槃，真如解脫，即心即佛。我且與麼道，你又作麼生？曰：某甲不與麼道。師曰：盞子撲落地，楪子成七片。曰：如何是捏聚？師乃斂手而坐。

盞子撲落地，楪子成七片：或云：盞子落地，楪子即破，以其
一類故云汝爾。又云：盞子元來在楪子上云々。盞子落地，手中楪
子卻破碎。是猶如張公飲酒李公醉之類也。

問：教意祖意是同是別？師曰：青山自青山，白雲自白雲。曰：如何是青山？師曰：還我一滴雨來。曰：道不得，請師道。師曰：《法華》鋒前陣，涅槃句後收。

《法華》鋒前陣，涅槃句後收：《法華》會上五千上慢，雖退出，
至涅槃會上，得度了。天台宗，以《法華》為先鋒，以《涅槃》為
殿後。山云：天台教說《法華》，如破大陣，涅槃收捨殘機耳。

問僧，甚處來？僧瞪目視之。師曰：驢前馬後漢。曰：請師鑒。師曰：驢前馬後漢，道將一句來！僧無對。

驢前馬後漢：山云：奴兒婢子之謂也。

師看經次，陳操尚書問：和尚看甚麼經？師曰：《金剛經》。書曰：六朝翻譯，此當第幾。師舉起經曰：一切有為法，如夢幻泡影。

六朝翻譯：一、後秦羅什，二、後魏菩提流支，三、陳朝真諦，
四、隋朝笈多，五、唐初玄奘，六、大周義淨。

紫衣大德到，禮拜。師拈帽子帶問曰：這箇喚作甚麼？曰：朝天帽。師曰：恁麼則老僧不卸也。

朝天帽：朝天子之帽也。或云：禪家帽子，謂之朝天帽。代宗
賜龍衲於忠國師帽頭故也。

問：如何是展演之言？師曰：量才補職。曰：如何是不展演之言？師曰：伏惟尚饗。

　　展演：施展敷演也。

　　伏惟尚饗：山云：死漢。

焦山借斧耶次，師呼童子取斧來。童取斧至，曰：未有繩墨且斫麤。師便喝。又問童曰：作麼生是你斧頭？童遂作斫勢。師曰：斫你老爺頭不得。

　　斫麤：山云：如木匠斫木，未用繩墨，先用斧破去麤皮也。

　　僧問：一氣還轉得一大藏教也無？師曰：有甚餭羅鎚子？快下將來。問：如何是一代時教？師曰：上大人，丘乙己。

　　餭羅鎚子：《太平御覽·食物篇》云：有畢之二氏，共好麵。畢氏好細麵，羅氏好大麵。故佃麵曰畢麵。大麵云羅麵，尔後畢羅從食為餭饠也。又《食物記》鎚子者，油饅頭也。故又云煎鎚子也。

　　僧參。師曰：汝是新到否？曰：是。師曰：且放下葛藤。會麼？曰：不會。師曰：擔枷陳狀，自領出去。僧便出。師曰：來。來。我實問你甚處來？曰：江西。師曰：泐潭和尚在汝背後，怕你亂道，見麼？僧無對。

　　擔枷陳狀：山云：有罪之人，如何再陳狀？重其罪也。

　　問：寺門前金剛，拓即乾坤大地，不拓即絲髮不逢時如何？師曰：吽吽。我不曾見此。師卻問：先跳三千，倒退八百，你合作麼生？曰：諾。師曰：先責一紙罪狀好。便打。其僧擬出。師曰：來。我共你葛藤。拓即乾坤大地，你且道洞庭湖水深多少。曰：不會量度。師曰：洞庭湖又作麼生？曰：祇為今時。師曰：祇這葛藤尚不會。便打。

　　拓：放行，不拓，把住也。

　　先跳三千，倒退八百：又是上金剛機用也。

　　祇為今時：《法華經》：洞庭湖祇為即今現成底，別有什麼道理？《心華》。

　　新到參，方禮拜，師叱曰：闍黎因何倫常往果子喫？曰：學人纔到，和尚為甚麼道倫果子？師曰：贓物見在。

　　贓物見在：《法華經》：參禪學道人，向外邊求者，皆非自己根子〔註13〕底，偷他人財物一般也。《心華》。

〔註13〕根子：字漫糊不清。

杭州千頭山楚南章

問：如何是易？師曰：著衣喫飯，不用讀經看教，不用行道禮拜，燒身煉頂，豈不易邪？曰：如何是難？師曰：微有念生，便具五陰三界，輪迴生死皆從汝一念生。所以佛教諸菩薩云：佛所護念。

> 燒身：《法華》七。
>
> 煉頂：山云：於頂上燒一番也。
>
> 佛所護念：《法華經·序品》：爾時世尊，四眾圍遶，供養恭敬，尊重讚歎，為諸菩薩說大乘經，名《無量義教菩薩法佛所護念》，云云。

福州烏石山靈觀章

引麵次，僧參。師引麵示之，僧便去。

> 引麵：《傳燈》麵作水。山云：木棒之類。《雪竇洞庭錄》拈古云：觀和尚見新到來，作麵引次，云云。

曹山行腳時，問：如何是毗盧師法身主？師曰：我若向你道，即別有也。曹山舉似洞山，山曰：好箇話頭，祇欠進語。何不問為甚麼不道？曹卻來進前語，師曰：若言我不道，即唖卻我口。若言我道，即謇卻我舌。曹山歸舉似洞山，山深肯之。謇吃也。

杭州羅漢院宗徹章

上堂，僧問：如何是祖師西來意？師曰：骨剉也。師對機多用此語，時號骨剉和尚。

> 骨剉：痒和子也。

相國裴休居士章

入大安精舍，混迹勞侶。云云。

> 相國裴休居士：字公美。
>
> 勞侶：在寺役作者也。

公入寺燒香，主事祇接。因觀壁畫，乃問：是何圖相？主事對曰：高僧真儀。公曰：真儀可觀。高僧何在？主事無對。公曰：此間有禪人否？曰：近有一僧，投寺執役，頗似禪者。公曰：可請求詢問得否？於是遽尋檗至，公覩之欣然曰：休適有一問：諸德慳辭，今請上人代酬一語？檗曰：請相公垂問。公舉前話，檗朗聲曰：裴休。公應諾。檗曰：在甚麼處？公當下知旨，如獲髻

珠。曰：吾師真善知識也。示人剴的若是，何故汨沒於此乎？寺眾愕然。自此延入府署，執弟子禮，屢辭不已。復堅請住黃檗山，云々。

> 剴的：猶言端的也。

圭峯禪師著禪源詮，原人論及圓覺經疏注，法界觀，皆為之序。公篤志內典，深入法會。有發願文傳於世。

> 法界觀：清涼澄禪師述，以明《華嚴》大旨。

長慶安禪師法嗣

益州大隨法真章

問：如何是大人相？師曰：肚上不貼榜。

> 肚上不貼榜：源云：佛菩薩胸題卍字也。山云：大官人不持榜入大內也。或云：不飾身之謂也。或云：及第時以金榜當胸云也。
> 《心華》云：一說云：官家出行之時，必書官名於榜，而使僕御者，當胸挂之。所行焉榜乃貼在肚上。若是大人何勞帖榜以表顯之乎？

問：如何是大隨一面事？師曰：東西南北。

> 大隨一面事：山云：山之一面也。

問：如何是無縫塔？師曰：高五尺。曰：學人不會。師曰：鶻崙甋。

> 鶻崙甋：山云：一片不破之甋也。又云：以瓦作鬼形，葺屋角也。或云：渾崙一般也。又云：鬼面瓦也。

問：如何是和尚家風？師曰：赤土畫簸箕。曰：未審此理如何？師曰：簸箕有脣米跳不出。

> 赤土畫簸箕：源云：方語用，赤土畫簸箕，米跳不出。山云：用不得。或云：用土畫也。譬，以赤土畫簸形，不可出簡中約束也。米跳不出其中。如此約束也。

問僧：甚處去？曰：峩嵋禮普賢去。師舉拂子曰：文殊，普賢總在這裏。僧作圓相拋向後，乃禮拜。師喚侍者取一貼茶與這僧。

> 一貼茶：貼者，裹了貼之也。或云：一貼茶，一裹茶也。

韶州靈樹如敏章

僧問：佛法至理如何？師展手而已。問：如何是和尚家風？師曰：千年田八百主。曰：如何是千年田八百主？師曰：郎當屋舍沒人脩。

> 郎當：山云：狼藉也。又云：破損也。或云：老倒一般也。

問：如何是西來意？師曰：童子莫傜兒。曰：乞師指示。師曰：汝從虔州來。

> 莫傜兒：方語，賺我來。

問：和尚年多少？師曰：今日生，來朝死。又問：和尚生緣甚麼處？師曰：日出東，月落西。師四十餘年化被嶺表，頗有異迹。廣主將興兵，躬入院請師決臧否？師已先知，怡然坐化。主怒知事曰：和尚何時得疾？對曰：不會有疾。適封一函子，令呈大王。主開函得一帖子云：人天眼目，當中上座。主悟師旨，遂寢兵。乃召第一座開堂說法。即雲門也。

> 臧否：易曰：師出以律否吉臧凶。

福州靈雲志勤章

> 《傳燈錄》溈山祐禪師法嗣。

> 《聯燈錄》曰靈雲，見《懶安》。《傳燈》收為祐云嗣，按《祐錄》云：師大中七年正月九日遷化，懶安繼踵住持。未幾安歸閩川，閩帥創寺延安〔註14〕，亦以大溈命之（今在長慶寺）。復開山長慶兩寺，僅二十年。靈雲悟道有偈，雪峰激賞之。玄沙云：待某甲勘過始得。故知在雪峰住院之後，其見安公明矣。雪峰行腳時，已不及見臨濟（祐化十四年臨濟方示寂）。靈雲悟道，去祐公二十餘年。後人不分前大溈、後大溈。云々。

問：如何是佛法大意？師曰：驢事未去馬事到來。

> 驢事未去馬事到來：方語，一心無二用。

問：久戰沙場，為甚麼功名不就？師曰：君王有道三邊靜，何勞萬里築長城？曰：罷卻干戈，束手歸朝時如何？師曰：慈雲普潤無邊剎，枯樹無華，爭奈何長生？

> 三邊者：山南西北皆有夷狄，能為中國患。東邊雖有新羅等國，
> 而不為中國患。或抄云：南面制天下，則左右前之三邊，北邊者，
> 我所居。故云地闕。

長生問：混沌未分時含生何來？師曰：如露柱懷胎。曰：分後如何？師曰：如片雲點太清。曰：未審太清還受點也無？師不答。曰：恁麼則含生不來也。師亦不答。曰：直得純清絕點時如何？師曰：猶是真常流注。曰：如何是

〔註14〕延安：邀請懶安。

真常流注？師曰：似鏡長明。曰：向上更有事也無？師曰：有。曰：如何是向上事？師曰：打破鏡來，與汝相見。

> 真常：真常者，淨分無過也。流注者，染分有過也。或云：於第八識真常上流注相生者，蓋抑之義也。

僧問：如何是西來意？師曰：井底種林檎。曰：學人不會。師曰：今年桃李貴，一顆直千金。

> 井底種林檎：山云：無義路之說。

饒州嶢山和尚章

長慶問：從上宗乘，此間如何言論？師曰：有願不負先聖。慶曰：不負先聖作麼生？師曰：不露。慶曰：恁麼則請師領話。師曰：甚麼處去來？慶曰：祇守甚麼處去來。

> 不露：若呈露去，便負先聖了。

> 守域作看：山云：守定之意什麼処也。

> 祇守：《傳燈》作只者，注云：舊作道守。

泉州國歡崇福院文矩慧日章

> 國歡崇福：四字院号。

> 涅槃堂去：涅槃堂，即延壽堂也。

> 為掛子：山云：掛子，挂絡也。

潞州渌水和尚章

僧問，如何是祖師西來意？師曰：還見庭前華藥欄麼？僧無語。

> 華藥欄：山云：此種華藥之處作欄也。曰華垣也。

廣州文殊院圓明章

開寶中樞密使李崇矩巡護南方，因入院。

> 李崇矩：《事略》云：李崇矩，字守則。

> 巡護南方：巡周而察政也。

趙州諗禪師法嗣

揚州光孝院慧覺章

僧問：覺華纔綻，遍滿娑婆？祖印西來，合談何事？師曰：情生智隔。曰：此是教意。師曰：汝披甚麼衣服？

情生智隔：《華嚴合論》：情生智隔，想變體殊。一所以輪回三
界，受種種苦。

問：遠遠投師，師意如何？師曰：官家嚴切，不許安排。曰：豈無方便。
師曰：且向火倉裏一宿。

火倉燒火處也。：山云：言汝是奴兒婢子也。

隴州國清院奉章

僧問：祖意教意是同是別？師曰：雨滋三草秀，春風不裏頭。曰：畢竟
是一是二？師曰：祥雲競起，巖洞不虧。

春風不裏頭：一切萌動也。或云：暖風時節卸帽子也。

問：牛頭未見四祖時，為甚麼百鳥銜華？師曰：如陝府人送錢財與鐵牛。
曰：見後為甚麼不銜華？師曰：木馬投明行八百。

如陝府人送錢財與鐵牛：山云：應機之語。或云：陝府有鐵牛
如神，以錢財而祭之。

問：如何是佛法大意？師曰：釋迦是牛頭獄卒，祖師是馬面阿旁。

阿旁：羅剎。

杭州多福和尚章

問：如何是衲衣下事？師曰：大有人疑著在。曰：為甚麼如是？師曰：
月裏藏頭。

月裏藏頭：《雜譬喻經》云：月夜龜上陸，犬見之欲咬龜。即有
尾手足，俱引入藏殼中。喻之發心，彼有藏首之術。我無藏無常殺
鬼之術也。山云：北斗裏藏身一般也。又云：如何藏得？

長沙岑禪師法嗣

明州雪竇常通章

問：如何是三世諸佛出身處？師曰：伊不肯知有汝三世。僧良久，師曰：
薦否？不然者，且向著佛不得處體取。時中常在，識盡功亡，瞥然而起，即是
傷他，而況言句乎？

瞥然而起：言一念忽然而起，乃傷〔註15〕他也。

─────────

〔註15〕傷：字潦草難辨，疑是。

茱萸和尚法嗣

石梯和尚章

因侍者請浴，師曰：既不洗塵，亦不洗體。汝作麼生？者曰：和尚先去，某甲將皂角來。師呵呵大笑。

> 皂角：豆也。又云：澡豆也。澡浴之時，以此豆落垢。故云澡
> 豆。沙門十八道具之一也。見《梵網經》。和訓ノ，サイカチ也。

關南常禪師法嗣

襄州關南道吾和尚章

始經村墅，聞巫者樂神云識神無，忽然省悟。後參常禪師，印其所解，復遊德山之門，法味彌著。

> 樂神：山云：巫者以歌舞之事，取神喜樂也。

上堂，戴蓮華笠披襴執簡，擊鼓吹笛口稱魯三郎，神識神不識神神從空裏來，卻往空裏去。便下座。

> 蓮華笠：山云：作笠子，如蓮華之形也。
>
> 襴：裳連衣也。又裙也。
>
> 魯三郎：山云：自稱其俗時名號。
>
> 簡：策也。又手版，長二尺四寸，短者半，云々。又簡者，笏
> 也。

僧問：如何是祖師西來意？師以簡揖曰：喏。

> 喏：《事苑》第二，喏音惹。敬辭也。

有時執木劍，橫肩上作舞。僧問：手中劍甚處得來？師擲於地。僧卻置師手中。師曰：甚處得來？僧無對。師曰：容汝三日內，下取一轉語。其僧亦無對。師自代拈劍橫肩上作舞，曰：須恁麼始得。趙州訪師，師乃著豹皮裩，執吉獠棒，在三門下翹一足等候，纔見州便高聲唱喏而立。州曰：小心祇候著。師又唱喏一聲而去。

> 吉獠棒：夜叉惡鬼等執之棒，木杖也。又云：稜角棒也。八角
> 棒也。或云：吉獠棒，誤也。當作蒺稜。蒺稜棒者，八角棒也。又
> 有蒺稜棒。
>
> 小心祇候著：小心者，肅敬之心也。出毛詩。

漳州羅漢和尚章

為歌曰：咸通七載初參道，到處逢言不識言。心裏疑團若栲栳，三春不樂止林泉。忽遇法王氈上坐，便陳疑懇向師前。師從氈上那伽起，袒膊當胸打一拳。駭散疑團獦狚落，舉頭看見日初圓。從茲蹬蹬以碣碣，直至如今常快活。只聞肚裏飽膨脝，更不東西去持鉢。又述偈曰：宇內為閑客，人中作野僧。任從他笑我，隨處自騰騰。

騰：躍也，然也。

栲栳：山云：柳枝做，如土籃之形也。柳器也。

忽遇法王氈上坐：《寶積經》六十一：爾時優陀夷，以偈答曰：牟尼眠時臥聖床，慈為氈褥悲樂枕，佛住喜心常怡悅，捨三有趣不悒感。云々。

胸中疑團〔註16〕：如一塊獦狚，咸塊之物也。

獦狚：見《大恵書》。

蹬蹬碣碣：廖廖落落〔註17〕，無所作為也。

膨脝：脹貌〔註18〕。

子湖蹤禪師法嗣

紫桐和尚章

僧問：如何是紫桐境？師曰：汝眼裏著沙得麼？曰：大好紫桐境也不識。師曰：老僧不諱此事。其僧擬出去，師下禪牀擒住曰：今日好箇公案，老僧未得分文入手。曰：賴遇某甲是僧。師拓開曰：禍不單行。

禍不單行：燈云：獨掌浪不鳴之謂也。或抄云：言必有宿因也。又云：拳踢相酬，未有單行云々。

高安大愚禪師法嗣

瑞州末山尼了然章

問：如何是古佛心？師曰：世界傾壞。曰：世界為甚麼傾壞？師曰：寧無我身。

〔註16〕疑團：字漫糊不清。
〔註17〕廖廖落落：字潦草難辨，疑是。
〔註18〕脹貌：二字漫糊不清。

寧無我身：言汝看受傾壞否？或云：言世界壞時，此身不壞也。

睦州陳尊宿法嗣

睦州刺史陳操尚書

三德六味：三德者，一輕軟，二淨潔。三如法。六味者，苦醋甘辛鹹淡也。

上座施食：猶言請上座ノ咒願。

《五燈會元》卷第五

六祖大鑒禪師法嗣

青原行思章

吉州青原山靜居寺行思禪師，本州安城劉氏子。幼歲出家，每群居論道，師唯默然。聞曹谿法席，乃往參禮。問曰：當何所務，即不落階級？祖曰：汝曾作甚麼來？師曰：聖諦亦不為。祖曰：落何階級？師曰：聖諦尚不為，何階級之有？祖深器之。會下學徒雖眾，師居首焉。亦猶二祖不言，少林謂之得髓矣。一日，祖謂師曰：從上衣法雙行，師資遞授，衣以表信，法乃印心。吾今得人，何患不信？吾受衣以來，遭此多難。況乎後代，爭競必多。衣即留鎮山門，汝當分化一方，無令斷絕。師既得法，歸住青原。六祖將示滅，有沙彌希遷。即石頭和尚。問曰：和尚百年後，希遷未審當依附何人？祖曰：尋思去。及祖順世，遷每於靜處端坐，寂若忘生。第一座問曰：汝師已逝，空坐奚為？遷曰：我稟遺誡，故尋思爾。座曰：汝有師兄思和尚，今住吉州，汝因緣在彼。師言甚直，汝自迷耳。遷聞語，便禮辭祖龕，直詣靜居參禮。師曰：子何方來？遷曰：曹谿。師曰：將得甚麼來？曰：未到曹谿亦不失。師曰：若恁麼，用去曹谿作甚麼？曰：若不到曹谿，爭知不失。遷又曰：曹谿大師還識和尚否？師曰：汝今識吾否？曰：識。又爭能識得。師曰：眾角雖多，一麟足矣。遷又問：和尚自離曹谿，甚麼時至此間？師曰：我卻知汝早晚離曹谿。曰：希遷不從曹谿來。師曰：我亦知汝去處也。曰：和尚幸是大人，莫造次。他日，師復問遷：汝甚麼處來？曰：曹谿。師乃舉拂子曰：曹谿還有這箇麼？非但曹谿，西天亦無。師曰：子莫曾到西天否？曰：若到即有也。師曰：未

在，更道。曰：和尚也須道取一半，莫全靠學人。師曰：不辭向汝道，恐已後無人承當。師令遷持書，與南嶽讓和尚。曰：汝達書了，速回。吾有箇鉬斧子，與汝住山。遷至彼，未呈書便問：不慕諸聖不重己靈時如何？嶽曰：子問太高生，何不向下問？遷曰：寧可永劫受沈淪，不從諸聖永解脫。嶽便休。玄沙曰：大小石頭被南嶽推倒，直至如今起不得。遷便回。師問：子返何速？書信達否？遷曰：書亦不通，信亦不達。去日蒙和尚許箇鉬斧子，祇今便請。師垂一足，遷便禮拜，尋辭往南嶽。

若到即有也：若到西天，便墮去來；已涉去來，便成有墮〔註19〕吾。

遂不到：故云無也。

青原思禪師法嗣

南嶽石頭希遷章

鄉洞獠民畏鬼神，多淫祀，殺牛輒酒，習以為常。師輒往毀叢祠，奪牛而歸，歲盈數十，鄉老不能禁。云々。

叢祠：漢書注云：叢謂單木岑蔚者也。神祠也。

奪牛：盈教十足也。

一日，原問師曰：有人道嶺南有消息。師曰：有人不道嶺南有消息。曰：若恁麼，大藏小藏從何而來？師曰：盡從這裏去。原然之。

大藏小藏：山云：大乘法，小乘法也。又曰：全藏半藏。

遂著參同契曰：竺土大儒心，東西密相付。人根有利鈍，道無南北祖。靈源明皎潔，枝派暗流注。執事元是迷，契理亦非悟。門門一切境，回互不回互。回而更相涉，不爾依位住。色本殊質象，聲元異樂苦。暗合上中言，明明清濁句。四大性自復，如子得其母。火熱風動搖。水濕地堅固。眼色耳音聲，鼻香舌鹹醋。然依一一法，依根葉分布。本末須歸宗，尊卑用其語。當明中有暗，勿以暗相遇。當暗中有明，勿以明相覩。明暗各相對，比如前後步。萬物自有功，當言用及處。事存函蓋合，理應箭鋒拄。承言須會宗，勿自立規矩。觸目不會道，運足焉知路。進步非近遠，迷隔山河固。謹白參玄人，光陰莫虛度。

依根葉分布：十二處依真建立也。

用及處：萬物各々有功處也。

〔註19〕墮：原文漫糊不清。

石頭遷禪師法嗣

澧州藥山惟儼章

絳州韓氏子。年十七，依潮陽西山慧照禪師出家，納戒于衡嶽希操律師。博通經論，嚴持戒律。一日，自歎曰：大丈夫當離法自淨，誰能屑屑事細行於布巾邪？首造石頭之室，便問：三乘十二分教某甲粗知，嘗聞南方直指人心，見性成佛？實未明了，伏望和尚慈悲指示。頭曰：恁麼也不得，不恁麼也不得，恁麼不恁麼總不得。子作麼生？師罔措。頭曰：子因緣不在此，且往馬大師處去。師稟命恭禮馬祖，仍伸前問。祖曰：我有時教伊揚眉瞬目，有時不教伊揚眉瞬目，有時揚眉瞬目者是，有時揚眉瞬目者不是。子作麼生？師於言下契悟，便禮拜。祖曰：你見甚麼道理便禮拜？師曰：某甲在石頭處，如蚊子上鐵牛。祖曰：汝既如是，善自護持。侍奉三年。一日，祖問：子近日見處作麼生？師曰：皮膚脫落盡，唯有一真實。祖曰：子之所得，可謂協於心體，布於四肢。既然如是，將三條篾束取肚皮，隨處住山去

> 澧州藥山惟儼：《傳燈》《五燈》誤藥山為石頭子。
>
> 屑屑：不安貌。
>
> 誰能屑屑事細行於布巾邪：山云：其意，嫌戒律中，細細事。
> 太巾麻布之衣律服也。多也。
>
> 蚊子上鐵牛：方語注云：無下觜處。

師與道吾說苕谿上世為節察來。

> 苕谿上世為節察來：山云：恐是苕谿和尚前生曾為官來也。節
> 察，節度使之下官也。

吾曰：和尚上世曾為甚麼？師曰：我痿痿羸羸，且恁麼過時。吾曰：憑何如此？師曰：我不會展他書卷。

> 我不會展他書卷：先達云：意謂我不會讀書史，以知治道故，
> 不曾為節察。且痿痿羸羸，恁麼過時耳。

問：身命急處如何？師曰：莫種雜種。

> 身命急處：放身命處也。山云：乃一切諸惡也。

問：僧甚處來？曰：南泉來。師曰：在彼多少時。曰：粗經冬夏。師曰：恁麼，則成一頭水牯牛去也。曰：雖在彼中，且不曾上他食堂。師曰：口欽東南風那。曰：和尚莫錯，自有拈匙把筯人在。

> 欽：呼合反。大歉了也。無米糧了也。

口欲東南風：南泉當東南也。言猶顧貪南泉之邊風也。南泉當
巽方，故云爾。

藥山儼禪師法嗣

潭州道吾山宗智章

一日，問：子去何處來？師曰：遊山來。山曰：不離此室，速道將來。師
曰：山上烏兒頭似雪，澗底遊魚忙不徹。

山上烏兒頭似雪：亂說耳。

灼然：方語，旁人有眼。又云：サゾ。

藥山儼禪師法嗣

潭州道吾山宗智章

雲巖問：師弟家風近日如何？師曰：教師兄指點堪作甚麼？巖曰：無這
箇來多少時也。師曰：牙根猶帶生澀在。

牙根猶帶生澀在：言語未脫洒也。

師指佛桑華問僧：這箇何似那箇？曰：直得寒毛卓豎。師曰：畢竟如
何？曰：道吾門下底。師曰：十里大王，雲巖不安。師乃謂曰：離此殼漏子，
向甚麼處相見？巖曰：不生不滅處相見。師曰：何不道非不生不滅處，亦不
求相見？

十里大王：村中神鬼耳。或云：路傍十里五里之間，安廟社，
謂之大王。或云：十里立町卒都婆畫二天也。

馬祖下

潭州雲巖曇晟章

鍾陵建昌王氏子，少出家於石門，參百丈海禪師二十年，因緣不契。後
造藥山，山問：甚處來？曰：百丈來。山曰：百丈有何言句示徒？師曰：尋
常道：我有一句子，百味具足。山曰：鹹則鹹味，淡則淡味，不鹹不淡是常
味。作麼生是百味具足底句？師無對。山曰：爭奈目前生死何？師曰：目前
無生死。山曰：在百丈多少時。師曰：二十年。山曰：二十年在百丈，俗氣
也不除。他日侍立次，山又問：百丈更說甚麼法？師曰：有時道，三句外省
去，六句內會取。山曰：三千里外，且喜沒交涉。山又問：更說甚麼法？師

曰：有時上堂，大眾立定，以拄杖一時趁散。復召大眾，眾回首。丈曰：是
甚麼？山曰：何不早恁麼道，今日因子得見海兄？師於言下頓省，便禮拜。
云々。

　　　三句：臨濟三句，第一句，第二句，第三句也。汾陽三句，如
　　何是學人着力処，學人轉身処，學人親切処？山云三句，有無亦有
　　亦無也。

　　　六句：見于第四卷三十丁。語底默底，不語不默，總是總不是也。
　一日山問：汝除在百丈，更到甚麼處來？師曰：曾到廣南來。曰：見說
廣州城東門外有一片石，被州主移去。是否？師曰：非但州主，闔國人移亦
不動。山又問：聞汝解弄師子，是否？師曰：是。曰：弄得幾出。師曰：弄得
六出。曰：我亦弄得。師曰：和尚弄得幾出。曰：我弄得一出。師曰：一即
六，六即一。後到潙山，潙問：承聞長老在藥山弄師子，是否？師曰：是。
曰：長弄。有置時。師曰：要弄即弄，要置即置。曰：置時師子在甚麼處？師
曰：置也，置也。

　　　弄得六出：山云：他是明宗門中事也。六出恐是六根門頭事也。
　　出者，品之義也。弄師子，有六品也。
　　　置也置也：言要置即置而已，在什麼著處？
　僧問：從上諸聖甚麼處去？師良久曰：作麼，作麼？問：暫時不在，如
同死人時如何？師曰：好埋卻。問：大保任底人，與那箇是一是二？師曰：一
機之絹，是一段是兩段。洞山代云：如人接樹。

　　　如人接樹：蓋二而一之謂也。山云：如以別樹枝，接在樹上，
　　或生或死，不可測也。言頭上安頭，用處歟？
　師問石霜，甚麼處來？曰：潙山來。師曰：在彼中得多少時。曰：粗經冬
夏。師曰：恁麼即成山長也。曰：雖在彼中卻不知。師曰：他家亦非知非識。
石霜無對。道吾聞云：得恁麼無佛法身心。

　　　山長：山云：此山之主長也。老宿之義也。
　　　雖在彼中卻不知：言彼不知我也。
　住後，上堂示眾曰：有箇人家兒子，問着無有道不得底。洞山出問曰：
他屋裏有多少典籍？師曰：一字也無。曰：爭得恁麼多知。師曰：日夜不曾
眠。山曰：問一段事還得否？師曰：道得卻不道。

　　　道得卻不道：言道得即不是道得者。

問僧，甚處來？曰：添香來。師曰：還見佛否？曰：見。師曰：甚麼處見？曰：下界見。師曰：古佛，古佛。

　　　　添香：山云：燒香也。

　　　　下界：指穢土。

　　掃地次，道吾曰：太區區生。師曰：須知有不區區者。吾曰：恁麼則有第二月也。師豎起掃帚曰：是第幾月。吾便行。玄沙聞云：正是第二月。

　　　　區區：《傳燈》作驅驅也。

　　僧問：一念瞥起便落魔界時如何？師曰：汝因甚麼卻從佛界來？僧無對。師曰：會麼？曰：不會。師曰：莫道體不得，設使體得，也祇是左之右之。

　　　　左之右之：驢前馬後一般也。

秀州華亭船子德誠章

　　節操高邈，度量不群。自印心於藥山，與道吾，雲巖為同道交。泊離藥山，乃謂二同志曰：公等應各據一方，建立藥山宗旨。予率性疏野，唯好山水，樂情自遣，無所能也。他後知我所止之處，若遇靈利座主，指一人來，或堪雕琢，將授生平所得，以報先師之恩。遂分攜。至秀州華亭，泛一小舟，隨緣度日，以接四方往來之者。時人莫知其高蹈，因號船子和尚。一日，泊船岸邊閑坐，有官人問：如何是和尚日用事？師豎橈子曰：會麼？官人曰：不會。師曰：棹撥清波，金鱗罕遇。師有偈曰：三十年來坐釣臺，鉤頭往往得黃能。金鱗不遇空勞力，收取絲綸歸去來。千尺絲綸直下垂，一波纔動萬波隨。夜靜水寒魚不食，滿船空載月明歸。三十年來海上遊，水清魚現不吞鉤。釣竿斫盡重栽竹，不計功程得便休。有一魚兮偉莫裁，混融包納信奇哉。能變化，吐風雷，下線何曾釣得來？別人祇看採芙蓉，香氣長粘遶指風。兩岸映，一船紅，何曾解染得虛空？問我生涯祇是船，子孫各自賭機緣。不由地，不由天，除卻蓑衣無可傳。

　　　　能：鼈三足。

　　　　裁：度也。

　　　　遶指風：觸身之風也。

　　　　賭：慕也。慕，廣求也。

　　船子纔見，便問：大德住甚麼寺？山曰：寺即不住，住即不似。師曰：不似，似箇甚麼？山曰：不是目前法。師曰：甚處學得來？山曰：非耳目之所到。師曰：一句合頭語，萬劫繫驢橛。師又問：垂絲千尺，意在深潭？離鉤三

寸，子何不道？山擬開口，被師一橈打落水中。山纔上船，師又曰：道！道！山擬開口，師又打。山豁然大悟，乃點頭三下。師曰：竿頭絲線從君弄，不犯清波意自殊。山遂問：拋綸擲釣，師意如何？師曰：絲懸淥水，浮定有無之意。山曰：語帶玄而無路，舌頭談而不談。師曰：釣盡江波，金鱗始遇。山乃掩耳。師曰：如是，如是。遂囑曰：汝向去直須藏身處沒蹤迹，沒蹤迹處莫藏身。吾三十年在藥山，祇明斯事。汝今已得，他後莫住城隍聚落，但向深山裏，钁頭邊，覓取一箇半箇接續，無令斷絕。山乃辭行，頻頻回顧，師遂喚，闍黎。山乃回首，師豎起橈子曰：汝將謂別有。乃覆船入水而逝。

　　沒蹤迹處：翻轉上句類。

鄂州百巖明哲章

　　藥山看經次，師曰：和尚休猱人好。山置經曰：日頭早晚也。師曰：正當午。山曰：猶有文彩在。師曰：某甲無亦無。山曰：汝太煞聰明。師曰：某甲祇恁麼，和尚作麼生？山曰：跛跛挈挈，百醜千拙。且恁麼過。

　　　跛跛挈挈：急急皃。山云：太急急也。千里之忙也。跛，行不
　正也。

　　洞山與密師伯到參，師問：二上座甚處來？山曰：湖南。師曰：觀察使姓甚麼？曰：不得姓。師曰：名甚麼？曰：不得名。師曰：還治事也無？曰：自有郎幕在。師曰：還出入也無？曰：不出入。師曰：豈不出入。山拂袖便出。

　　　不得姓：言不通得也。
　　　郎幕：山云：太官人之下，共評議事之小役人也。又云：觀察
　使，下平定之官等也。

澧州高沙彌

　　僧問：一句子還有該不得處否？師曰：不順世。藥山齋時，自打鼓，師捧鉢作舞入堂。山便擲下鼓槌曰：是第幾和。師曰：是第二和。山曰：如何是第一和？師就桶舀一杓飯便出。

　　　不順世：山云：此不順世，非死之意。乃不順世間，則有一路
　也。或云：不順世者，有該不得處也。
　　　第幾和：或云：成道云也。

鼎州李翱刺史

又問：如何是戒定慧？山曰：貧道這裏無此閑家具。守莫測玄旨。山曰：太守欲得保任此事，直須向高高山頂立，深深海底行。閨閣中物，捨不得便為滲漏。

　　閨閣中物：山云：精欲貪愛之事也。

馬祖下三世

道吾智禪師法嗣

潭州石霜山慶諸章

師落髮，詣洛下學毘尼教，雖知聽制，終為漸宗。

　　聽制：開遮也。

問：如何是和尚本分事？師曰：石頭還汗出麼？問：到這裏，為甚麼卻道不得？師曰：腳底著口。

　　腳底著口：能說能行也。山云：說不得語也。

問：真身還出世也無？師曰：不出世。曰：爭奈真身何？師曰：瑠璃瓶子口。

　　瑠璃瓶子口：護惜之意也。

裴相公來，師拈起裴笏問：在天子手中為珪，在官人手中為笏，在老僧手中且道喚作甚麼？裴無對，師乃留下笏。

　　留下笏：始來曰：若答得與之，若答不得，即留下門。已答不
　　得，故留下山門。

僧問：三千里外，遠聞石霜有箇不顧？師曰：是。曰：祇如萬象歷然，是顧不顧？師曰：我道不驚眾。曰：不驚眾是與萬象合，如何是不顧？師曰：偏界不曾藏。

　　我道不驚眾：《法華經》雖有不顧之機，而不欲驚羣。

　　不顧者：不顧萬物，毅〔註20〕然獨坐也。

問：童子不坐白雲牀時如何？師曰：不打水，魚自驚。

　　白雲牀：隱居牀也。

　　童子不坐白雲牀：不可守寂默也。或云：此童子何面目？

〔註20〕毅：同「毅」。

問：忘收一足時如何？師曰：不共汝同盤。

忘收一足：石室善導和尚，踏碓忘移足。

不共汝同盤：言我不共汝食也。《心華》云：言汝者即忘收一足

者也。我不忍與彼同盤食也。抑下云爾。

如何是塵劫來事？師曰：冬天則有，夏天則無。師頌洞山五位王子。誕

生曰：天然貴胤本非功，德合乾坤育勢隆。始末一朝無雜種，分宮六宅不他

宗。上和下睦陰陽順，共氣連枝器量同。欲識誕生王子父，鶴沖霄漢出銀籠。

朝生曰：苦學論情世莫羣，出來凡事已超倫。詩成五字三冬雪，筆落分毫四

海雲。萬卷積功彰聖代，一心忠孝輔明君。鹽梅不是生知得，金榜何勞顯至

勳？末生曰：久棲巖壑用工夫，草榻柴扉守志孤。十載見聞心自委，一身冬

夏衣縑無。澄凝含笑三秋思，清苦高名上哲圖。業就高科酬志極，比來臣相

不當途。化生曰：傍分帝位為傳持，萬里山河布政威。紅影日輪凝下界，碧油

風冷暑炎時。高低豈廢尊卑奉。玉袴蘇途遠近知。妙印手持煙塞靜，當陽那

肯露纖機。內生曰：九重密處復何宣？挂弊由來顯妙傳。祇奉一人天地貴，

從他諸道自分權。紫羅帳合君臣隔，黃閣簾垂禁制全。為汝方隅宮屬戀，遂

將黃葉止啼錢。

誕生：內紹也。嫡生也。正位。

朝生：外紹也。臣種也。宰相之子也。偏位。

末生：將軍位也。偏中正。

化生：群臣位也。內生，內紹也。誕生同。正中偏。

內生：兼中到。

比來臣相不當途：且就將位而言則，相位還不當途，當途者抑

他之同也。

潊清章

僧問：不落道吾機，請師道？師曰：庭前紅莧樹，生葉不生華。僧良久。

師曰：會麼？曰：不會。師曰：正是道吾機，因甚麼不會？僧禮拜，師打曰：

須是老僧打你始得。

紅莧：和訓，アカヒユ也。

雲巖晟禪師法嗣

馬祖下

潭州神山僧密章

師在南泉打羅次，泉問：作甚麼？師曰：打羅。曰：手打腳打。師曰：卻請和尚道。泉曰：分明記取。向後遇明眼作家，但恁麼舉似。雲巖代云：無手腳者始解打。

> 打羅：山云：篩麵也。

問：一地不見二地時如何？師曰：汝莫錯否？汝是何地？

> 一地不見二地：言初地位不見，二地位境界，乃至十地等準之可知也。

問：生死事，乞師一言？師曰：汝何時死去來？曰：某甲不會，請師說。師曰：不會須死一塲始得。

> 死去來：《傳燈》作生死去來。

師與洞山行次，忽見白兔走過，師曰：俊哉。洞曰：作麼生？師曰：大似白衣拜相。洞曰：老老大大，作這箇說話。師曰：你作麼生？洞曰：積代簪纓，暫時落魄。

> 白衣拜相：唐《令狐綯》：為〔註21〕相子滈，怙勢權〔註22〕當時，謂之白衣宰相。云々。

> 落魄：無節。又貧無家業也。又云：失業無次兒。又志行裏悪兒。魄音洵，又託。落魄，オチフレタリ。

師把針次，洞山問曰：作甚麼？師曰：把針。洞曰：把針事作麼生？師曰：針針相似。洞曰二十年同行，作這箇語話，豈有與麼工夫。師曰：長老又作麼生？洞曰：如大地火發底道理。

> 大地火發底道理：大用也

幽谿和尚章

僧問：大用現前，不存軌則時如何？師起，遶禪牀一匝而坐。僧擬進語，師與一蹋。僧歸位而立。師曰：汝恁麼我不恁麼，汝不恁麼我卻恁麼。僧再擬進語，師又與一蹋曰：三十年後，吾道大行。

〔註21〕有：原文作「𣶒」，潦草難認。
〔註22〕權：原文作「榷」，同「權」。以下徑改為「權」。

　　汝恁麼我不恁麼，汝不恁麼我卻恁麼（汝恁麼ナラバ我レ不恁
麼，汝不恁麼ナラバ我レ卻テ恁麼？）：言共恁麼共不恁麼，則存
軌則也。各相差互，則不存軌則也。

船子誠禪師法嗣

澧州夾山善會章

　　求脫虛謬之見，定取目前生死為復實有，為復實無？若有人定得，許汝
出頭。上根之人，言下明道。中下根器，波波浪走。何不向生死中定當取？何
處更疑佛疑祖替汝生死？有智人笑汝。汝若不會，更聽一頌。勞持生死法，
唯向佛邊求。目前迷正理，撥火覓浮漚。

　　　　勞持生死法……撥火覓浮漚〔註23〕：言以疑〔註24〕底情識，如
　　何替生死？

　　僧問：從上立祖意教意，和尚為甚麼卻言無？師曰：三年不喫飯，目前
無饑人。曰：既是無饑人，某甲為甚麼不悟？師曰：祇為悟迷卻闍黎。復示偈
曰：明明無悟法，悟法卻迷人。長舒兩腳睡，無偽亦無真。上堂，不知天曉，
悟不由師。龍門躍鱗，不墮漁人之手。但意不寄私緣，舌不親玄旨，正好知
音，此名俱生話。若向玄旨疑去，賺殺闍黎。困魚止濼，鈍鳥棲蘆。云云。

　　　　不知天曉，悟不由師：元來無晝夜，豈辨天曉，心本不迷，何
　　由師悟？

　　　　俱生話：本來話也。

　　西川座主罷講，遍參到襄州華嚴和尚處。問曰：祖意教意，是同是別？
嚴曰：如車二輪，如鳥二翼。主曰：將為禪門別有長處，元來無。遂歸蜀，後
聞師道播諸方，令小師持此語問師，曰：雕砂無鏤玉之談，結草乖道人之意。
主聞舉，遙禮曰：元來禪門中別有長處。

　　　　雕砂無鏤玉之談：是愚拙之伎，豈有鏤玉之能。

　　　　結草乖道人之意：只是誅茅縛屋之意。或云：魏顆結草，雖巧
　　妙，以道人眼看來，為機事耳。或云：草繫比丘故事，引魏顆事誤。

　　上堂：聞中生解意下丹青。目前即美久蘊成病。青山與白雲從來不相到。
機絲不挂梭頭事，文彩縱橫意自殊。嘉祥一路智者知疏。瑞草無根賢者不貴。

〔註23〕詞條名原文無。
〔註24〕以疑：原書作「㠪錝」，二字潦草模糊。

聞中生解意下丹青：猶言計較。

嘉祥一路智者知疏：梁惠皎住嘉祥寺見高僧傳十九

瑞草無根賢者不貴：抑下二師。建立底。

問：古人布髮掩泥，當為何事？師曰：九烏射盡，一鷾猶存。一箭墮地，天下黯黑。

一箭：射上一鷾之矢也。

黯黑：《傳燈》，作不黑。

問：祖意教意是同是別？師曰：風吹荷葉滿池青，十里行人較一程。

風吹荷葉滿池青，十里行人較一程：山云：較，爭也。相去遠隔一程地也。貪看行後，故趁不及相去遠。一人在前一人在後。或云：今日當行十里，途中見荷，貪風興，不進步，只行一程也。或云：十里，路只行一里也。

師在溈山作典座，溈問：今日喫甚菜？師曰：二年同一春。溈曰：好好脩事著。師曰：龍宿鳳巢。

二年同一春：為言同也。或云：立春節，在年內歟？

問：如何是相似句？師曰：荷葉團團團似鏡，菱角尖尖尖似錐。復曰：會麼？曰：不會。師曰：風吹柳絮毛毬走，雨打梨花蛺蝶飛。問：如何是一老一不老？師曰：青山元不動，澗水鎮長流。手執夜明符，幾箇知天曉。

一老一不老：洞山無心合道偈。道無心合人，人無心合道。欲識箇中意，一老一不老。

虎頭上座參，師問：甚處來？曰：湖南來。師曰：曾到石霜麼？曰：要路經過，爭得不到。師曰：聞石霜有毬子話，是否？曰：和尚也須急著眼始得。師曰：作麼生是毬子？曰：跳不出。師曰：作麼生是毬杖？曰：沒手足。師曰：且去！老僧未與闍黎相見。明日陞座，師：昨日新到在麼？頭出應諾。師曰：目前無法，意在目前，不是目前。法非耳目之所到。頭曰：今日雖問：要且不是？師曰：片月難明，非關天地。頭曰：莫屟沸。便作掀禪牀勢。師曰：且緩緩！虧著上座甚麼處？頭豎起拳曰：目前還著得這箇麼？師曰：作家！作家！頭又作掀禪牀勢。師曰：大眾看這一員戰將，若是門庭布列，山僧不如他。若據入理之談，也較山僧一級地。

片月難明：《法華經》初三日初四日之月。雖光明，猶不圓明也。

上堂，眼不挂戶，意不停玄，直得靈草不生，猶是五天之位。珠光月魄，不是出頭時。此間無老僧，五路頭無闍黎。

> 五天之位：印土是佛法本處。雖然猶是非極位也。
>
> 五路頭：六根門頭，心不在數。或云：想夾山有五道岐歟？尋
>
> 常云：目前無闍黎。或云：如日本五幾歟？
>
> 五路：或云：五道也。

問如何是夾山境？師曰：猿抱子歸青嶂裏，鳥銜華落碧巖前。法眼云：我二十年祇作境話會。師問僧：甚麼處來？曰：洞山來。師曰：洞山有何言句示徒？曰：尋常教學人三路學。師曰：何者三路？曰：玄路、鳥道、展手。師曰：實有此語否？曰：實有。師曰：軌持千里鈔，林下道人悲。

> 軌持千里鈔：《人天眼目》作軌持。持踈鈔千里行腳，不是道人
>
> 之謂。

師再闡玄樞，迨于一紀。唐中和元年十一月七日，召主事曰：吾與眾僧話道累歲，佛法深旨，各應自知。吾今幻質，時盡即去。汝等善保護，如吾在日。勿得雷同世人，輒生惆悵。言訖奄然而逝。塔于本山，諡傳明大師。

> 再闡玄樞：蓋京口未易眼之前，與夾山成院宇之後也。

《五燈會元》卷第六

石霜諸禪師法嗣

潭州大光山居誨章

京兆人也。初造石霜，長坐不臥。麻衣草履，亡身為法。霜遂令主性空塔院。一日，霜知緣熟，試其所得。問曰：國家每年放舉人及第，朝門還得拜也無？師曰：有一人不求進。霜曰：憑何？師曰：他且不為名。霜曰：除卻今日，別更有時也無？師曰：他亦不道今日是。如是酬問，往復無滯？盤桓二十餘祀，眾請出世。云々。

> 朝門還得拜也無：言及第以後之拜賀也。被人賀之謂也。
>
> 憑何：言己不求進，依何位居也。
>
> 盤桓：不進也

瑞州九峯道虔章

福州人也。嘗為石霜侍者。洎霜歸寂，眾請首座繼住持。師白眾曰：須明得先師意，始可。座曰：先師有甚麼意？師曰：先師道：休去，歇去，冷湫湫地去，一念萬年去，寒灰枯木去，古廟香爐去，一條白練去。其餘則不問，如何是一條白練去？座曰：這箇祇是明一色邊事。師曰：元來未會先師意在。座曰：你不肯我那。但裝香來，香煙斷處，若去不得，即不會先師意。遂焚香，香煙未斷，座已脫去。師拊座背曰：坐脫立亡即不無，先師意未夢見在。住後，僧問：無間中人行甚麼行？師曰：畜生行。曰：畜生復行甚麼行？師曰：無間行。曰：此猶是長生路上人。師曰：汝須知有不共命者。曰：不共甚麼命？師曰：長生氣不常。師乃曰：諸兄弟還識得命麼？欲知命，流泉是命，湛寂是身。千波競涌，是文殊境界。一亘晴空，是普賢牀榻。其次，借一句子是指月，於中事是話月，從上宗門中事，如節度使信旗相似，且如諸方先德，未建許多名目指陳已前，諸兄弟約甚麼體格商量？到這裏不假三寸試話會看，不假耳試采聽看，不假眼試辨白看。所以道：聲前拋不出，句後不藏形。盡乾坤大地都來，是汝當人箇體，向甚麼處安眼耳鼻舌？莫但向意根下圖度作解，盡未來際亦未有休歇分。所以洞山道：擬將心意學玄宗，大似西行卻向東。珍重！

　　不共命之命：不是尋常命

　　長生路上人：山云：只是惺惺底漢，欠轉身路在。又云：不生不死之義。非長生庫。

　　長生氣不常：言無常之義也。又曰：長生猶是未常。

　　借一句子是，指月於中事是話月，從上宗門中事：言俱非本分之物。

　　一亘晴空，是普賢牀榻：山云：一亘，言橫亘十方也。清淨境界也。一字橫畫也。

　　節度使信旗相似：下令也。以黃絹作旗書令字，其下一一書，禁制之事也。山云：急而行也。不可違犯之令也。山云：急而行也。不可違犯之令也。又曰：此旗所到之処。人不敢違犯。所行事，必要成辨。

　　問承古有言，向外紹則臣位，向內紹則王種，是否？師曰：是。曰：如何是外紹？師曰：若不知事極頭，祇得了事，喚作外紹，是為臣種。曰：如何是

內紹？師曰：知向裏許承當擔荷，是為內紹。曰：如何是王種？師曰：須見無
承當底人，無擔荷底人，始得同一色。同一色了，所以借為誕生，是為王種。
曰：恁麼則內紹亦須得轉？師曰：灼然。有承當擔荷，爭得不轉？汝道內紹
便是人王種，你且道如今還有紹底道理麼？所以古人道：紹是功，紹了非是
功。轉功位了，始喚作人王種。曰：未審外紹還轉也無？師曰：外紹全未知
有，且教渠知有。曰：如何是知有？師曰：天明不覺曉。

向外紹則臣位，向內紹則王種〔註25〕：寂音曰：如唐郭中令
李西平稱王。然非有種。以勳勞而致之。高祖之秦王。明皇之肅
宗。則以生帝王之家。皆有種。非以勳勞而致者也。謂之內紹者。
無功之功也。先聖貴之。謂之外紹者。借功業而然。故又名曰借
句。

問：如何是外紹？師曰：不借別人家裏事。曰：如何是內紹？師曰：推
爺向裏頭。曰：二語之中，那語最親？師曰：臣在門裏，王不出門。曰：恁麼
則不出門者，不落二邊。師曰：渠也不獨坐世界，裏紹王種名，外紹王種姓。
所以道：紹是功，名臣是偏中正。紹了轉功，名君是正中偏。

推爺：推，推讓也。或云：置父，自理家業。可有推父之手段
也。

問：誕生還更知聞也無？師曰：更知聞阿誰。曰：恁麼則莫便是否？師
曰：若是，古人為甚麼道誕生王有父？曰：既有父，為甚麼不知聞？師曰：同
時不識祖。問：古人云：直得不恁麼來者，猶是兒孫？意旨如何？師曰：古人
不謾語。曰：如何是來底兒孫？師曰：猶守珍御在。曰：如何是父？師曰：無
家可坐，無世可興。

不恁麼來者，猶是兒孫：洞山語也。見五卷，《雲岩章》。

紹王種名，外紹王種姓：內外之紹，假分優劣，始終末然。故
云：外紹王種姓。

問：九重無信，恩赦何來？師曰：流光雖徧，闈內不周。曰：流光與闈
內相去多少。師曰：綠水騰波，青山秀色。

九重無信，恩赦何來：言王無信，為甚麼恩赦云也？九重謂闈
內，天子制之。《心華》云：心王元不動，而無〔註26〕用從何起？

〔註25〕詞條名原無。
〔註26〕無：字漫糊不清，疑是。

－120－

流光雖徧，闇內不周：言應用雖徧六根門頭，而心王〔註27〕不
動，真應用似周於闇內，又流光，照四海之謂也。流光雖徧，闇內
不周，言日月暗処不周也。

緣水騰波，青山秀色：言騰波秀色，即流光也。緣水青山，即
闇內也。

問：人人盡言請益，未審師將何拯濟？師曰：汝道巨嶽還曾乏寸土也無？
曰：恁麼則四海參尋，當為何事？師曰：演若迷頭心自狂。曰：還有不狂者
麼？師曰：有。曰：如何是不狂者？師曰：突曉途中眼不開。

巨嶽還曾乏寸土也無：言人々ケ々，具足三世諸佛智慧德相。
更有什麼欠少，而極阿乎？《心華》。

突曉：山云：破曉也。又曰：早朝也。或云：突曉昊曉也。

問：如何是學人自己？師曰：更問阿誰？曰：便恁麼承當時如何？師曰：
須彌還更戴須彌。問：祖祖相傳，復傳何事？師曰：釋迦慳，迦葉富。曰：如
何是釋迦慳？師曰：無物與人。曰：如何是迦葉富？師曰：國內孟嘗君。曰：
畢竟傳底事作麼生？師曰：百歲老人分夜燈。

釋迦慳，迦葉富：山云：無義語。

百歲老人分夜燈：山云：暗中求明。

諸佛非我道，如何是我道？師曰：我非諸佛。曰：既非諸佛，為甚麼卻
立我道？師曰：適來暫喚來，如今卻遣出。曰：為甚麼卻遣出？師曰：若不遣
出，眼裏塵生。

喚來遣出：或時立諸佛，或時不立。

問：一切處覓不得，豈不是聖？師曰：是甚麼聖？曰：牛頭未見四祖時，
豈不是聖。師曰：是聖境未忘。曰：二聖相去幾何？師曰：塵中雖有隱形術，
爭奈全身入帝鄉。

二聖：或云：未見四祖以前與見後，謂之二聖歟？或云：言未
忘境與既忘境，二聖也。

隱形術：龍樹因緣也。見，龍樹章。

問：古人道，因真立妄，從妄顯真？是否？師曰：是。曰：如何是真心？
師曰：不雜食是。曰：如何是妄心？師曰：攀緣起倒是。曰：離此二途，如何
是本體？師曰：本體不離。曰：為甚麼不離？師曰：不敬功德天，誰嫌黑暗女。

〔註27〕王：字漫糊不清。

　　不敬功德天，誰嫌黑暗女：功德天姊也。黑暗女妹也。二人未
曾相離。《涅槃經》十五。

　　問：盡乾坤都來是箇眼，如何是乾坤眼？師曰：乾坤在裏許。曰：乾坤
眼何在？師曰：正是乾坤眼。曰：還照矚也無？師曰：不借三光勢。曰：既不
借三光勢，憑何喚作乾坤眼。師曰：若不如是，髑髏前見鬼人無數。

　　髑髏前見鬼人無數：山云：翫弄光影之徒。

　　問：動容沈古路，身沒乃方知？此意如何？師曰：偷佛錢買佛香。曰：
學人不會。師曰：不會即燒香供養本爺孃。師後住沏潭而終，諡大覺禪師。

　　偷佛錢買佛香：山云：就自身自用也。

台州涌泉景欣章

　　上堂：我四十九年在這裏，尚自有時走作。汝等諸人莫開大口。見解人
多，行解人萬中無一箇。見解言語總要知通，若識不盡，敢道輪回去在。為何
如此？蓋為識漏未盡。汝但盡卻今時，始得成立，亦喚作立中功。轉功就他
去，亦喚作就中功，親他去。我所以道：親人不得度，渠不度親人。恁麼譬
喻，尚不會薦取渾崙底，但管取性，亂動舌頭。不見洞山道：相續也大難？
汝須知有此事。若不知有啼，哭有日在。

　　亦喚作立中功：亦喚作就中功，親他去。上來數語，若明證悟
之次第。或就他或親他，共挑〔註28〕自己本分事。一云且許親他玄
處欽。

　　親人與渠：本分之能所也。

　　上堂：拍盲不見佛，開眼遇途人。借問途中事，渠無丈六身。不從五天
來，漢地不曾踏。不是張家生，誰云李家子。三人扛一杖，臥一牀，似伊不似
伊，拈來搭肩上，為他十八兒，論不奈伊何？

　　拍盲：和訓ノ，メクラウチ也。

　　拍盲不見佛：拶出不拘一隅底人。

　　三人扛一杖：此三人，未必有定數，三箇胡孫夜簸錢，三人證
龜作鼈之類也。

　　十八兒：猶言庸流之輩。言如無舉唱，為他庸流，丁寧舉論也。

　　不奈伊何：伊伊舉唱底。

〔註28〕挑：字漫糊不清，疑是。

《五燈拔萃》卷四

藥山下
石頭下
初於丹然霞
宋三帝問答並未詳

潭州雲蓋山志元圓淨章

遊方時問雲居曰：志元不奈何時如何？居曰：祇為闍黎功力不到。師不禮拜。直造石霜，亦如前問。霜曰：非但闍黎老僧亦不奈何。師曰：和尚為甚麼不奈何？霜曰：老僧若奈何，拈過汝不奈何。師便禮拜。僧問石霜，萬戶俱閉即不問，萬戶俱開時如何？霜曰：堂中事作麼生？僧無對。經半年，方始下一轉語曰：無人接得渠。霜曰：道即太煞道，祇道得八成。曰：和尚又且如何？霜曰：無人識得渠。師知乃禮拜，乞為舉。霜不肯，師乃抱霜上方丈曰：和尚若不道，打和尚去在。霜曰：得在。師頻禮拜。霜曰：無人識得渠。師於言下頓省。住後，僧問：如何是佛？師曰：黃面底是。曰：如何是法？師曰：藏裏是。問：然燈未出時如何？師曰：昧不得。問：蛇為甚麼吞卻師？師曰：通身色不同。

> 霜曰得在：言你他後當得此公案在。
>
> 蛇為甚麼吞卻師：山云：小蟲名蛇師，トカケ。
>
> 師曰昧不得：言雖然燈未出世已前，也是不暗昧。

潭州道正表聞馬王，乞師論義。王請師上殿相見。茶罷，師就王乞劍，師握劍問道正曰：你本教中道，恍恍惚惚，其中有物，是何物？杳杳冥冥，其中有精，是何精？道得不斬，道不得即斬。道正茫然，便禮拜懺悔。師謂王曰：還識此人否？王曰：識。師曰：是誰？王曰：道正。師曰：不是。其道若正，合對得臣僧。此祇是箇無主孤魂。因茲道士更不紛紜。

> 道正：道士之官也。
>
> 馬王：湖南馬殿也。五代梁帝對為楚王。

潭州中雲蓋章

問：如何是向上一句？師曰：文殊失卻口。曰：如何是門頭一句？師曰：頭上插華子。問：如何是超百億？師曰：超人不得肯。

> 門頭一句：應機門頭句也。
>
> 頭上插華子：巧莊飾也。
>
> 超百億：超百千三昧也。又超百千億劫也。又曰：百億者謂財寶多也。或云：一句了然超百億之謂也。
>
> 超人不得肯：言從來超百億人，不須肯云也。

廬山棲賢懷祐章

僧問：如何是五老峰前事？師曰：萬古千秋。曰：恁麼則成絕嗣去也。
師曰：躊躇欲與誰。

> 躊躇欲與誰：言要何伴也？

河中南際山僧一章

問：同類即不問，如何是異類？師曰：要頭斫將去。

> 要頭斫將去：有以身為異類之面目也。

福州覆船山洪薦章

問：抱璞投師，師還接否？師以手拍香臺，僧禮拜。師曰：禮拜則不無，
其中事作麼生？僧卻拍香臺。師曰：舌頭不出口。

> 舌頭不出口：言不明明道一句也。

吉州崇恩章

僧問：祖意教意是同是別？師曰：少林雖有月，葱嶺不穿雲。問：如何
是類？師曰：奈河橋畔嘶聲切，劒樹林中去復來。

> 寒山詩：心直出語直，直心無背面，臨死度奈河，誰是嘍囉漢。

> 奈河：梵語，謂地獄也。

石霜暉章

僧問：世尊出世，先度五俱輪？和尚出世，先度何人？師曰：總不度。
曰：為甚麼不度？師曰：為伊不是五俱輪。

> 五俱輪：俱輪等五比丘也。俱輪翻火器，憍陳如姓也。

郢州芭蕉章

問：如何是向去底人？師曰：董家稚子聲聲哭。曰：如何是卻來底人？
師曰：枯木驪龍露爪牙。

> 董家稚子：董家稚子之問答之語無義。

潭州鹿苑暉章

問：祖祖相傳，未審傳箇甚麼？師曰：汝問我，我問汝。曰：恁麼則緇素
不分也。師曰：甚麼處去來？

> 甚麼處去來：言汝向什麼處去來，而學如是問端來。

湖南文殊章

僧問：僧繇為甚麼貌誌公真不得？師曰：非但僧繇，誌公也貌不得。曰：誌公為甚麼貌不得？師曰：彩繪不將來。曰：和尚還貌得也無？師曰：我亦貌不得。曰：和尚為甚麼貌不得？師曰：渠不以苟我顏色，教我作麼生貌？

  渠不以苟我顏色：渠渠本分，我我誌公。

 問：如何是密室？師曰：緊不就。曰：如何是密室中人？師曰：不坐上色牛。

  緊不就：緊密難近之謂也。

  上色牛：大白牛車之謂也。

鳳翔府石柱章

遊方時到洞山，時虔和尚垂語曰：有四種人：一人說過佛祖，一步行不得；一人行過佛祖，一句說不得；一人說得，行得；一人說不得，行不得。阿那箇是其人？師出眾曰：一人說過佛祖行不得者，祇是無舌不許行；一人行過佛祖一句說不得者，祇是無足不許說；一人說得行得者，祇是函蓋相稱；一人說不得行不得者，如斷命求活。此是石女兒，披枷帶鎖。山曰：闍黎分上作麼生？師曰：該通分上卓卓寧彰。山曰：祇如海上明公秀又作麼生？師曰：幻人相逢，拊掌呵呵。

  四種人：此四種人似有優劣，未曾有高下。勿泥文。

  此是石女兒，披枷帶鎖：此句憶句。言上一洛索，只是石女兒上一枷鎖耳。

  該通分上卓卓寧彰：言元來該通，何別顯也？山云：該通，廣演法要也。卓卓者，分明義也，混同一會之意也。言盡〔註1〕？是仙陀客〔註2〕云語同也。分上，《傳燈》作會上。

  海上明公秀：方語，覓佗不得。又云：幻人進幻人。古詩云：海上明公貴，林下野人賤。或云：乾闥婆城也。又云：神秀也。

南嶽玄泰章

沈靜寡言，未嘗衣帛，時謂之泰布衲。始見德山，陞于堂矣。後謁石霜，遂入室焉。掌翰二十年，與貫休、齊己為友。後居蘭若，曰：金剛臺，誓不立

〔註1〕盡：字漫糊不清。
〔註2〕客：字漫糊不清。

門徒。四方後進依附，皆用交友之禮。嘗以衡山多被山民斬伐燒畬，為害滋甚，乃作畬山謠曰：畬山兒，畬山兒，無所知。年年斫斷青山嵋。就中最好衡嶽色，杉松利斧摧貞枝。靈禽野鶴無因依，白雲回避青煙飛。猿獽路絕巖崖出，芝尤失根茆草肥。年年斫罷仍再鉏，千秋終是難復初。又道今年種不多，來年更斫當陽坡。國家壽嶽尚如此，不知此理如之何？遠邇傳播，達于九重，有詔禁止。故嶽中蘭若無復延燎，師之力也。將示滅，乃召一僧，令備薪蒸，留偈曰：今年六十五，四大將離主。其道自玄玄，箇中無佛祖。不用剃頭，不須澡浴，一堆猛火，千足萬足。端坐垂一足而逝。闍維收舍利，建塔於迎雲亭側。

畬：以諸反，又常魚反。曰三歲也。

來年更斫當陽坡：言截盡林，來年截坡也。

潭州雲蓋章

風穴參，師問：石角穿雲路，攜筇意若何？穴曰：紅霞籠玉象，擁嶂照川源。師曰：相隨來也。穴曰：和尚也須低聲。師曰：且坐喫茶。

石角穿雲路，攜筇：深山中行也。石角，石稜角耳。杜詩石角
勾衣破，山嶲峻嶮義也。玉象，山也。

邵武軍龍湖普聞章

唐僖宗太子也。幼不茹葷，長無經世意。僖宗鍾愛之，然百計陶寫，終不能回。中和初，僖宗幸蜀，師斷髮逸遊，人無知者。造石霜，問曰：祖師別傳事，肯以相付乎？霜曰：莫謗祖師。師曰：天下宗旨盛大，豈妄為之邪？霜曰：是實事那。師曰：師意如何？霜曰：待案山點頭，即向汝道。師於言下頓省。辭去至邵武城外，見山鬱然深秀，遂撥草，至煙起處，有一苦行居焉。苦行見師至，乃曰：上人當興此。長揖而去。師居十餘年，一日有一老人拜謁，師問：住在何處？至此何求？老人曰：住在此山，然非人，龍也。行雨不職，上天有罰當死，願垂救護。師曰：汝得罪上帝，我何能致力？雖然，可易形來。俄失老人所在，視坐傍有一小蛇，延緣入袖。至暮雷電震山，風雨交作。師危坐不傾，達旦晴霽，垂袖，蛇墮地而去。有頃，老人拜而泣曰：自非大士慈悲，為血腥穢此山矣，念何以報斯恩。即穴巖下為泉，曰：此泉為他日多眾之設。今號龍湖。邦人聞其事，施財施力，相與建寺，衲子雲趨。師闡化三十餘年，臨示寂聲鐘集眾，說偈曰：我逃世難來出家，宗師指示箇歇處。住山聚

眾三十年，尋常不欲輕分付。今日分明說似君，我歛目時齊聽取。安然而逝。
塔于本山，諡圓覺禪師。

張拙秀才

因禪月大師指參石霜。霜問：秀才何姓？曰：姓張名拙。霜曰：覓巧尚
不可得，拙自何來？公忽有省。乃呈偈曰：光明寂照遍河沙，凡聖含靈共我
家。一念不生全體現，六根纔動被雲遮。斷除煩惱重增病，趣向真如亦是
邪？隨順世緣無罣礙，涅槃生死等空花。

夾山會禪師法嗣

澧州洛浦山元安章

鳳翔麟遊人也。卯年出家，具戒通經論。問道臨濟，後為侍者。濟嘗對
眾美之曰：臨濟門下一隻箭，誰敢當鋒。師蒙印可，自謂已足。一日侍立次，
有座主參濟，濟問：有一人於三乘十二分教明得，有一人不於三乘十二分教
明得，且道此二人是同是別？主曰：明得即同，明不得即別。師曰：這裏是甚
麼所在，說同說別？濟顧師曰：汝又作麼生？師便喝。濟送座主回，問師：汝
豈不是適來喝老僧者？師曰：是。濟便打。師後辭濟，濟：甚麼處去？師曰：
南方去。濟以拄杖畫一畫，曰：過得這箇便去。師乃喝，濟便打。師作禮而
去。濟明日陞堂曰：臨濟門下有箇赤梢鯉魚，搖頭擺尾，向南方去，不知向誰
家虀甕裏淹殺？師遊歷罷，直往夾山卓庵，經年不訪夾山。山乃修書，令僧
馳往。師接得便坐卻，再展手索，僧無對。師便打，曰：歸去舉似和尚。僧回
舉似，山曰：這僧若開書，三日內必來。若不開書，斯人救不得也。師果三日
後至，見夾山不禮拜，乃當面叉手而立。山曰：雞棲鳳巢，非其同類。出去！
師曰：自遠趨風，請師一接。山曰：目前無闍黎，此間無老僧。師便喝。山
曰：住！住！且莫草草忽忽。雲月是同，谿山各異。截斷天下人舌頭即不無，
闍黎爭教無舌人解語？師佇思，山便打，因茲服膺。興化代云：但知作佛，莫
愁眾生。一日問山，佛魔不到處如何體會？山曰：燭明千里像，闇室老僧迷。
又問：朝陽已昇，夜月不現時如何？山曰：龍銜海珠，遊魚不顧。山將示滅，
垂語曰：石頭一枝，看看師滅矣。師曰：不然。山曰：何也？師曰：他家自有
青山在。山曰：苟如是，即吾宗不墜矣。

  燭明千里像：一山云：遠見也。或云：像者萬象也。

  龍銜海珠，遊魚不顧：一山云：不是上機之人，豈識者箇。

暨來山順世，師抵于涔陽，遇故人因話武陵事。問曰：瓚忽數年，何處逃難？師曰：祇在闤闠中。曰：何不向無人處去？師曰：無人處有何難？曰：闤闠中如何逃避？師曰：雖在闤闠中，要且人不識。故人罔測。

　　話武陵事：指會昌難也。

又問：佛佛相應，祖祖相傳，彼此不垂曲時如何？師曰：野老門前，不話朝堂之事。曰：合譚何事？師曰：未逢別者終不開拳。曰：有人不從朝堂來，相逢還話會否？師曰：量外之機，徒勞目擊。師尋之澧陽洛浦山卜築宴處，後遷止朗州蘇谿。四方玄侶，憧憧奔湊。

　　不垂曲：山云：不作方便也。

　　未逢別者終不開拳：山云：恐是西天祖師生下，便握拳等歟？

　　又云：別者，辨別也。

上堂：末後一句，始到牢關，鎖斷要津，不通凡聖。尋常向諸人道，任從天下樂欣欣，我獨不肯。欲知上流之士，不將佛祖言教貼在額頭上，如龜負圖，自取喪身之兆。鳳縈金網，趍霄漢以何期？直須旨外明宗，莫向言中取則。是以石人機似汝，也解唱巴歌。汝若似石人，雪曲也應和。指南一路，智者知疏。

　　指南一路，智者知疏：山云：不親近也，疎遠也。或云：上根
　　之人不在此也。

僧問：瞥然便見時如何？師曰：曉星分曙色，爭似太陽輝。又問：恁麼來不立，恁麼去不泯時如何？師曰：鬻薪樵子貴，衣錦道人輕。問：供養百千諸佛，不如供養一箇無心道人？未審百千諸佛有何過？無心道人有何德？師曰：一片白雲橫谷口，幾多歸鳥盡迷巢。問：日未出時如何？師曰：水竭滄溟龍尚隱，雲騰碧漢鳳猶飛。問：如何是本來事？師曰：一粒在荒田，不耘苗自秀。曰：若也不耘，莫被草埋卻也無？師曰：肌骨異蒭蕘，稗稗終難隱。

　　肌骨異蒭蕘，稗稗終難隱：言肌骨不同賤蒭蕘也。稗，蒲懈反。

問：不傷物命者如何？師曰：眼華山影轉，迷者謾彷徨。

　　彷徨：運轉義歟？

問：行不思議處如何？師曰：青山常舉足，白日不移輪。

　　青山常舉足，白日不移輪：山云：臨機語也。

問：終日朦朧時如何？師曰：擲寶混沙中，識者天然異。曰：恁麼則展手不逢師也。師曰：莫將鶴唳悞作鶯啼。

擲寶混沙中，識者天然異：山云：寶在沙中，有能識者自知是
寶也。

上堂：孫臏收鋪去也，有卜者出來。僧曰：請和尚卜。師曰：汝家爺死。
僧無對。法眼代拊掌三下。

孫臏：帝使朔泛海求寶，委令一周囬，朔經二載乃至。末至閒，
帝問左右：朔久而不到，令褰中何人善卜？對曰：惟有孫臏？極明
易〔註3〕筮，帝乃更〔註4〕庶服潛行〔註5〕，與左右齎絹二匹，往扣
〔註6〕賓門，賓出門而延坐，末之識也。賓乃啟卜，卦成，知是帝，
惶恐起拜。帝曰：朕未覓〔註7〕物，鄉勿言。賓曰：陛下非卜他物，
乃卜東方朔也。朔行七日必至，今在海中，面西招水大歎〔註8〕，
到請詰之。至曰：朔至。帝曰：鄉釣一年，何故〔註9〕二載？朔曰：
臣不敢稽。

問：萬丈懸崖撒手去，如何免得喪於身時如何？師曰：須彌繫藕絲。曰：
是何境界？師曰：剎竿頭上仰蓮心。曰：恁麼則湛湛澄澄去也。師曰：須彌頂
上再翻身。曰：恁麼則兢兢切切去也。師曰：空隨媒鴿走虛喪網羅身。曰：如
何得不隨去？師曰：曇鵝瓶項小，擬透望天飛。

切切：懇到也。

剎竿頭上仰蓮心：在最上頭也。高處則見之也。又云：剎竿頭
上造著蓮華也。

媒鴿：網裏置鳥引眾取之，是云媒鴿。和訓，ヲトリ也。捕鴿
必用媒鴿，無媒則不得也。

問：如何是救離生死？師曰：執水苟延生，不聞天樂妙。

執水苟延生，不聞天樂妙：或云：執水者，阿脩羅王，有三品。
下品居大海，更不聞天樂聲也。

問：四大從何而有？師曰：湛水無波，漚因風激。曰：漚滅歸水時如何？

〔註3〕易：字漫糊不清。
〔註4〕更：字漫糊不清。
〔註5〕行：字漫糊不清。
〔註6〕扣：字漫糊不清。
〔註7〕覓：字漫糊不清。
〔註8〕歎：字漫糊不清。
〔註9〕故：字漫糊不清。

師曰：不渾不濁，魚龍任躍。問：如何離得生死去？師曰：一念忘機，太虛無玷。問：如何是道？師曰：存機猶滯迹，去杌卻通途。

　　去杌：《傳燈》作去瓦。或云：去胸中物也。

　　問：如何是一大藏教收不得者？師曰：雨滋三草秀，片玉本來輝。問：一毫吞盡巨海，於中更復何言？師曰：家有白澤之圖，必無如是妖怪。保福別云：家無白澤之圖，亦無如是妖怪。問：凝然時如何？師曰：時雷應節，震嶽驚蟄。曰：千般運動，不異箇凝然時如何？師曰：靈鶴翥空外，鈍鳥不離巢。曰：如何？師曰：白首拜少年，舉世人難信。

　　白首拜少年，舉世人難信：山云：在《法經》取意。

　　問：諸聖恁麼來，將何供養？師曰：土宿雖持錫，不是婆羅門。

　　土宿雖持錫，不是婆羅門：土宿之形，如外道婆羅門之形也。

　　山云：土宿，星名，騎山牛〔註10〕而行甚遲，此星持錫。

　　侍者謂師曰：肇法師制得四論，甚奇怪。師曰：肇公甚奇怪，要且不見祖師。者無對。法燈代云：和尚甚麼處是？雲居錫云：甚麼處是肇公不見祖師處？莫是有許多言語麼？又云：肇公有多少言語？

　　四論：《物不遷論》《不真空論》《般若無知論》《涅槃無名論》也。

　　光化元年八月，誡主事曰：出家之法，長物不留。播種之時，切宜減省。締搆之務，悉從廢停。流光迅速，大道玄深。苟或因循，曷由體悟。雖激勵懇切，眾以為常，略不相儆。

　　儆：居影切戒也。

撫州逍遙山懷忠章

　　僧問：不似之句還有人道得否？師曰：或即五日齋前，或即五日齋後。

　　不似之句：擬說似一物之句。似，シメス。

　　問：劍鏡明利，毫毛何惑？師曰：不空罥索。

　　不空罥索：觀音之變相。持劍見憤怒。密宗之佛也。

　　問：四十九年不說一句，如何是不說底句？師曰：隻履西行，道人不顧。曰：莫便是和尚消停處也無？師曰：馬是官馬不用印。

〔註10〕山牛：二字漫糊不清。

消停處：用也。消停。山云：消散停留二法也。

馬是官馬不用印：山云：唐土馬身上各有印，既是官馬不印也。

問：如何是一老一不老？師曰：三從六義。

一老一不老：山云：洞山宗旨，說渠我之意。

三從六義：婦人幼從父，嫁從夫，夫死從子。是有三從之義。

謂女有六義，孝友睦姻忠和也。山云：婦人有三從義，六義未詳。

恐是毛詩六義乎？

曰：如何是奇特一句？師曰：坐佛牀，斫佛朴。

坐佛牀，斫佛朴：源云：以朴木造佛床，坐其牀斫其朴木。大
意，著佛衣喫佛飯一般也。又曰：以木彫作佛，方造之時田朴。又
云：以木造佛神也。或云：斫佛朴，猶言斫佛身也。朴鏄音通，金
銀等鏄也。山云：作自己工夫意。又云：只就自己。此謂自身本來
是佛，亦須脩持也。或云：巡人犯夜。

問：懸劍萬年松時如何？師曰：非言可及。曰：當為何事？師曰：為汝
道話。曰：言外事如何明得？師曰：日久年多筋骨成。

懸劍萬年松：山云：未詳出處。李札挂劍事歟？

問：不住有雲山，常居無底船時如何？師曰：果熟自然香。曰：更請師
道。師曰：門前真佛子。曰：學人為甚麼不見？師曰：處處王老師。

門前真佛子：山云：是處是慈氏，無門無善財。

一日夾山抗聲問曰：子是甚麼處人？師曰：閩中人。山曰：還識老僧麼？
師曰：和尚還識學人麼？山曰：不然。子且還老僧草鞋錢，然後老僧還子盧
陵米價。師曰：恁麼則不識和尚也，未委盧陵米作麼價？山曰：真師子兒，善
能哮吼。乃入室受印，依附七年。眾請住黃山。

恁麼則不識和尚也，未委盧陵米作麼價：不知和尚且置，盧陵
米是什麼價也。

僧問：如何是祖師西來意？師曰：梁殿不施功，魏邦絕心迹。問：如何
是道？師曰：石牛頻吐三春霧，木馬嘶聲滿道途。問：如何得見本來面目？
師曰：不勞懸石鏡，天曉自雞鳴。

不勞懸石鏡，天曉自雞鳴：《異苑》：南方獻雞，鑑石鏡而舞不
止。山云：本自明白之意。又云：是鏡也。

問：不辨中言，如何指撥？師曰：劍去遠矣，爾方刻舟。

　　中言：山云：曉不得，或云：中的之語也。

　　不辨中言，如何指撥：先達點未可也。先達注之云：猶言不辨
　　中的之言，如何指撥？僕謂猶言古今辨別不出底，其中之言，如何
　　指撥？不知孰是。《心華》。

洛京韶山寰普章

在山下相見。遵問：韶山路向甚麼處去？師以手指曰：嗚那！青青黯黯
處去。

　　倜儻之辭，時人知有：山云：戲弄之言語也。
　　猶較韶山半月程：言猶未及韶山而在後頭半月程也。
　　玉女夜拋梭，織錦於西舍：山云：機語也。先達云：無蹤跡之
　　謂也。
　　嗚那：口中之聲耳。又云：那邊也。
闍黎按劍上來，老僧揢鎗相待。

　　揢：烏可反，取也。

洪洲上藍令超章

僧問：如何是上藍本分事？師曰：不從千聖借，豈向萬機求。曰：祇如
不借不求時如何？師曰：不可拈放汝手裏，得麼？

　　拈放：拈置之義也。言不借，不求物。從本以來在汝手裏。

太原海湖章

因有人請灌頂三藏。

　　灌頂三藏：傳法之僧為之灌頂也。
問：和尚院內人何太少，定水院人何太多？師曰：草深多野鹿，巖高獬
豸稀。

　　獬豸：出山海經。堯時居左右，頭上戴一角。若僥倖姦邪臣來
　　時，出以角觸〔註11〕死也。又云：獬豸似鹿一角。人居刑罰得中，
　　則生於朝廷。令〔註12〕觸不直〔註13〕者。《選六》。

〔註11〕觸：字漫漶不清。
〔註12〕令：字漫漶不清。
〔註13〕直：字漫漶不清。

大光誨禪師法嗣

潭州谷山有緣章

僧問：玲瓏之子如何得歸向？師曰：會人路不通。曰：恁麼則無奉重處也。師曰：我道你鉢盂落地拈不起。

> 玲瓏：行不正也。
>
> 會人路不通：言會底人不立歸向通不通之名，謂也。私云：會人路不通，言雖會得底人，亦不許歸向也。
>
> 奉重：臣奉君，子奉父之義也。
>
> 鉢盂落地拈不起：自救不了之謂也。

潭州龍興章

問：文不加點時如何？師曰：無目童兒不出戶。問：賓主未分時如何？師曰：雙陸盤中不喝彩。曰：分後如何？師曰：骰子不曾拋。

> 不喝彩：源云：無勝負也。或云：乃是輸機。又云：不抓重一義也。

潭州伏龍山禪師第一世

問：隨緣認得時如何？師曰：雪內牡丹華。

> 雪內牡丹華：先達云：無蹤跡之謂也。恐是紅爐上一點雪，一般也。
>
> 認得：《傳燈》：隨緣認果，如何是果？

京兆白雲善藏章

僧問：如何是和尚深深處？師曰：矮子渡深谿。

> 矮子渡深谿：方語，浸了。

伏龍山禪師第二世

僧問：隨緣認得時如何？師曰：汝道興國門樓高多少。

> 興國門樓：州門額云興國也。

陝府龍峻山章

僧問：如何是不知善惡底人？師曰：千聖近不得。曰：此人還知有向上事也無？師曰：不知。曰：為甚麼不知？師曰：不識善惡，說甚麼向上事？曰：畢竟如何？師曰：不見道犴狴。

狂狢：上俄寒切，下音欲。獸名也。是獸不識善惡。又云：此獸在廣南，如死，罵人之謂也。

問：如何是佛向上人？師曰：不帶容。

不帶容：言佛無相貌也。山云：無形段。又云：不用容色歟？《傳燈》，帶作戴。

九峰虔禪師法嗣

洪州泐潭神黨章

僧問：四威儀中如何辨主？師曰：正遇寶峯不脫鞋。問：如何是佛法大意？師曰：虛空駕鐵船，岳頂浪滔天。

不脫鞋：也是投出四威儀之一也。

袁州南源行脩慧觀章

問：如何是南源深深處？師曰：眾人皆見。曰：恁麼則淺也。師曰：也是兩頭搖。問：有口談不得，無心未見伊時如何？師曰：古洞有龍吟不出，巖前木馬喊無形。

喊：声也。呼減反，又虎覽反。

兩頭搖：《傳燈》作兩頭遙。兩岸也。

泐潭明章

僧問：碓擣磨磨，不得忘卻，此意如何？師曰：虎口裏活雀兒。

虎口裏活雀兒：雖活如死。方語也。

泐潭延茂禪師：問：日落西山去，林中事若何？師曰：庭前華盛發，室內不知春。問：如何是閉門造車？師曰：失卻斑猫兒。曰：如何是出門合轍？師曰：坐地到長安。

失卻斑猫兒：不中一物。《檀弓》：狸首之斑然，執女手之卷 〔註14〕然。注：狸首之斑，言文木之華也。

坐地：イナガラト云意也。

洪州鳳棲同安院常察章

問：如何是鳳棲境？師曰：千峯連岳秀，萬嶂不知春。曰：如何是境中人？師曰：孤巖倚石坐，不下白雲心。

〔註14〕卷：字漫糊不清。

孤巖倚石坐，不下白雲心：坐白雲中也。心中也。又云：白雲
無心也。我不下白雲心也。

問：如何是披毛戴角底人？師曰：蓑衣箬笠賣黃金，幾箇相逢不解喚。

　　蓑衣箬笠賣黃金，幾箇相逢不解喚：言脫珍御服，著弊垢衣。
如此則知之者少也。

問：學人未曉時機，乞師指示？師曰：參差松竹煙籠薄，重疊峯巒月上
遲。僧擬進語，師曰：劍甲未施，賊身已露。僧曰：何也？師曰：精陽不剪
霜前竹，水墨徒誇海上龍。僧遶禪牀而出。師曰：閉目食蝸牛，一場酸澀
苦。

　　精陽：劍名。《事苑》七云：日寶也。太陽之精，有炎精陽德。
故曰精陽。

　　精陽不剪霜前竹，水墨徒誇海上龍：言以好劍不剪葛陂竹，徒
誇畫圖龍也。

　　一場酸澀苦：方語也。

　　閉目食蝸牛：從上如此說而曉不得，不知咬之則苦澀無奈何也。

問：返本還源時如何？師曰：蟭螟雖脫殼，不免抱寒枝。

　　蟭螟：蟭，子饒反，蟳蟭，螳蜋印也。螟，刀公反，蜈螟蟬也。

僧曰：如何是道？師曰：汝試道看。曰：彼自無瘡，勿傷之也。師曰：負
笈攻文，不閑弓失。閑習也。

師看經次，有僧來問訊。師曰：古佛今佛，皆無別理。曰：和尚如何？師
打一掌。僧曰：如是。如是。師曰：這風顛漢。曰：今古皆然。師曰：擬欲降
龍，卻逢死虎。曰：同安甚生光彩。師曰：守株停舶，非汝而誰。曰：和尚
聾？師曰：胡羊往楚，抱屈而歸。

　　胡羊往楚，抱屈而歸：無處出，不可曉。《事苑》不注此事。《詞
林》作羫羊也。謂有眼在背，四目九尾，面雖有目不能見物，極愚
也云々。《左傳》意謂楚攻鄭州，鄭伯肉袒而引半下楚，是引半故事
也。攻沽紅反，一曰治也。

師問僧：眼界無光，如何得見？曰：北斗東轉，南斗西移。師曰：夫子入
太廟。曰：與麼則同安門下，道絕人荒去也。師曰：橫抱孾孩，擬彰皇簡。

　　皇簡者：本朝宣旨也。言抱孾孩曰宣旨，是愚癡而無理之謂也。

　　又云：欲似賤當貴歟？皇簡者，笏也。即詔書謂也。愚而無理也。

洪州泐潭匡悟章

僧問：如何是直截一路？師曰：恰好消息。曰：還通向上事也無？師曰：魚從下過。

> 魚從下過：盲者立水，魚從腳下過也。嫌問向上也。又云：盲鶴下清池，魚從腳底過謂歟？

吉州禾山無殷章

問：尊者撥眉擊目，視育王時如何？師曰：即今也恁麼？曰：學人如何領會？師曰：莫非摩利支山。

> 摩利支山：山云：天竺之山也。賓頭盧一所居之山也。

問：摩尼寶殿有四角，一角常露，如何是露底角？師舉手曰：汝打我。復曰：汝還會麼？曰：不會。師曰：汝爭解打得我。

> 摩尼寶殿有四角，一角常露：文殊菩薩問《法身經》曰：如摩尼寶舍有四角，從一角視，悉見諸角，無所缺減。是故見諸本際。《宗鏡尺》云：若了一心本際何法不通？以諸法從心所生。皆同一際，住此際中。一一圓滿，舉目咸是。何待意思？智不能知，言不能及。故云：金剛寶藏。無所缺減。山云：曉不得，或云：在兜率天。

問：四壁打禾，中間刈草和尚赴阿那頭？師曰：甚麼處不赴？曰：恁麼則同於眾去也。師曰：小師弟子。

> 四壁打禾，中間刈草：四壁者，僧堂四方之床也。中間者，中央之床也。洞山舉此語問維那云：上間運柴，下間運水，中間之賓頭盧赴阿那頭，云々。

> 小師弟子：同於眾底面目。

湧泉欣禪師法嗣

台州六通院紹章

一日，涌泉問：甚麼處去來？師曰：燒畬來。泉曰：火後事作麼生？師曰：鐵蛇鑽不入。住後，僧問：不出咽喉脣吻事如何？師曰：待汝一钁斸斷巾子山，我亦不向道。

> 鐵蛇鑽不入：山云：言入作處，如銀山鐵壁，豈無容易得入。
> 或云：以錐如鑽不入也。
> 巾子山：天台山裏在之。台州也。

人問：承聞南方有一劍話，如何是一劍？師曰：不當鋒。曰：頭落又作麼生？師曰：我道不當鋒，有甚麼頭？其人禮謝而去。

　　一劍話：或云：龍牙問德山語，云々。山云：臨機語話也。又
　云：不必有此話。

新羅國臥龍章

問：十二時中如何用心？師曰：猢猻喫毛蟲。

　　猢猻喫毛蟲：方語，吞吐不下。又云：要知滋味。

彭州天台燈章

僧問：古佛向甚麼處去也？師曰：中央甲第高，歲歲出靈苗。

　　中央甲第高：言第一所居之屋也。

　　歲歲出靈苗：佛燈云：田中高處出好苗也。源云：中間地脈肥
　腴，出好苗也。

問：如何是佛？師曰：紅蓮座上，不覩天冠。

　　紅蓮座上，不覩天冠：言純是佛也，不見有菩薩。

谷山藏禪師法嗣

新羅國瑞巖章

僧問：黑白兩亡開佛眼時如何？師曰：恐你守內。

　　黑白兩亡開佛眼：唐萬回和尚偈：明暗兩忘開佛眼，不繫一法
　出蓮叢。

問：如何是誕生王子？師曰：深宮引不出。曰：如何是朝生王子？師曰：宮中不列位。曰：如何是末生王子？師曰：處處無標的，不展萬人機。

　　誕生：太子也。內紹。

　　朝生：宰相之子。外紹。

　　末生：將軍位。化生，內生。

　　處處無標的：言無指定處也。

新羅國大嶺章

僧問：古人道：祇到潼關便即休。會了便休，未會便休？師曰：祇為迷途中活計。曰：離卻迷途，還得其中活計也無？師曰：體即得，當即不得。

曰：既是體得，為甚麼當不得？師曰：體是甚麼人分上事？曰：其中事如何？
師曰：不作尊貴。問：如何是一切處清淨？師曰：截瓊枝寸寸是寶，析栴檀片
片皆香。問：如何是用中無礙？師曰：一片白雲繚亂飛。

　　　古人道祇到潼關便即休：近京師，即到潼關不進路。言不能所
　　在也。又云：於途中而知長安即到。言隔山見煙而知是火之用處也。
　　　伶利者也。《傳燈》云：僧問：只到潼關便卻休時如何？師曰：只是
　　途中活計。

中雲蓋禪師法嗣

潭州雲蓋山證覺景章

僧問：國土晏清，功歸何處？師曰：銀臺門下不展賀。曰：轉功無位時
如何？師曰：王家事宛然。曰：如何是闡外底事？師曰：畫鼓聲終後，將軍不
點頭。

　　　銀臺門下不展賀：內裏門也。國土安寧時，雖民相喜，帝不喜。
　　銀臺門，王宮通事之門，不必通事也。
　　　畫鼓聲終後，將軍不點頭：言不進兵也，不用事也。畫鼓，軍
　　鼓也。

幽州柘溪從實章

僧問：如何是道？師曰：箇中無紫皂。偈曰：如何是禪？師曰：不與白
雲連。

　　　不與白雲連：偏位答也。若下無正位之答者，白雲難解得。白
　　雲子不見青山父之謂也。青山，正位也。

洛浦安禪師法嗣

蘄州烏牙山彥賓章

問：疋馬單鎗直入時如何？師曰：饒你雄信解拈鎗，猶較秦王百步在。
　　　單雄信：王世充，將也。善用馬槊，號飛將。山云：小說，唐
　　太宗為秦王時，因出獵，被王世充之軍圍了，得尉遲敬德，以棗木
　　槊拒之，得脫。遲同遲。
將軍不上便橋，金牙徒勞拈筈。
　　　將軍不上便橋，金牙徒勞拈筈：源云：便橋，王宮門前橋也。

將軍騎馬，不能上其橋。金牙饒在橋而欲射之，豈可得乎？山云：
從古有此語，不知所出。此說軍陣中事。

雄信：《舊唐書·太宗記》：義寧元年進封秦王。三年七月，師
次穀州。單雄信數百騎夾道來逼，交槍競進，太宗幾為所敗。太宗
左右射之，無不應弦而倒，獲其大將燕頹。單姓。

問：久戰沙場，為甚麼功名不就？師曰：雙鵰隨箭落，李廣不當名。問：
百步穿楊，中的者誰？師曰：將軍不上便橋，金牙徒勞拈箭。

李廣不當名：山云：功名不居也。

問：蟭螟飲雲根時如何？師曰：金輪天子下閻浮，鐵縵頭上金華異。曰：
正當恁麼時如何？師曰：當今不坐靈明殿，畫鼓休停八佾音。

八佾：天子舞也。

鐵縵頭：首冠飾也。《傳燈》縵作饅。

鳳翔府青峯傳楚章

見說洛浦有生機一路，是否？

生機：山云：活機也。

京兆府永安院善靜章

問：如何是衲衣向上事？師曰：龍魚不出海，水月不吞光。

龍魚不出海，水月不吞光：言龍魚吞日月之光，既不出海則不
吞光也。

問：如何得生如來家？師曰：披衣望曉，論劫不明。

披衣望曉，論劫不明：山云：有心求聖便是錯。縱雖到曉望之，
不明。蒙頭不知天明也。

午年冬，鳴犍稚集僧，囑累入方丈，東向右脅而化。謚淨悟禪師。

犍稚：上巨寒反。下音地。此名鐘。亦名為磬。五分律曰：
隨有瓦木銅鐵鳴，皆各犍稚。避昭宗蒙塵之亂。亂，朱金忠之時
也。

鄧州中度章

僧問：海內不逢師，如何是寰中主？師曰：金雞常報曉，時人自不聞。
問：如何是暗中明鏡？師曰：昧不得。曰：未審照何物？師曰：甚麼物不照？
問：如何是實際理地不受一塵，佛事門中不捨一法？師曰：真常塵不染，海

納百川流。曰：請和尚離聲色外答。師曰：木人常對語，有性不能言。有性与有情同也。

京兆府臥龍章

僧問：杲日符天際，珠光照舊都？浦津通法海，今日意如何？師曰：寶劔揮時，豈該明暗。

> 符：合也。左天也。著天義也。

> 浦津：地名也。法海者，佛法海也。

蟠龍文禪師法嗣

盧山永安淨悟章

問：從上諸聖將何示人？師曰：有異祖龍行化節，迴超棲鳳越揚塵。

> 有異祖龍行化節，迴超棲鳳越揚塵：源云：祖龍人名也。騎竹
> 化龍。棲鳳亦竹名也。越揚塵者，不著塵埃也。山云：祖龍棲鳳共
> 竹也。祖龍乃秦始皇。今此祖龍，恐是竹也。竹有棲鳳。又遇化飄
> 揚風塵也。或云：竹乃化龍之物，故稱之為祖龍。

問：脫龍頭，卸角馱來時如何？師曰：換骨洗腸投紫塞，鴈門切忌更銜蘆。

> 角馱：馱物之雙角也。

袁州木平山善道章

僧問：如何是西來意？師曰：石羊頭子向東看。

> 石羊頭子向東看：山云：應機之語耳。或云：石羊頭子者，地
> 名，自此處東頭。

問：如何是正法眼？師曰：拄杖孔。

> 拄杖孔：山云：卓杖之跡也。

凡有新到，未許參禮，先令運土三擔，而示偈曰：南山路側東山低，新到莫辭三轉泥。嗟汝在途經日久，明明不曉卻成迷。法眼禪師有偈贈曰：木平山裏人，貌古言復少。相看陌路同，論心秋月皎。壞衲線非蠶，助歌聲有鳥。城闕今日來，一漚曾已曉。

> 相看陌路同：言如路人也。

崇福志章

僧問：供養百千諸佛，不如供養一無心道人？未審諸佛有何過，無心道人有何德？師曰：雪深宜近火，身煖覺春遲。

> 雪深宜近火，身煖覺春遲：春日遲遲貌也。

問：如何是道？師曰：回車有分。

> 回車有分：答直道也。

黃山輪禪師法嗣

郢州桐泉山章

參黃山，山問：天門一合，十方無路？有人道得，擺手出漳江。師曰：蟄戶不開，龍無龍句。

> 蟄戶不開，龍無龍句：龍有興雲之作略。若無之，便見無龍句也。

藤霞禪師法嗣

澧州藥山章

僧問：藥山祖裔，請師舉唱？師曰：萬機挑不出。曰：為甚麼萬機挑不出？師曰：他緣岸谷。

> 澧州藥山：《傳燈》作藥山第七世和尚。
>
> 他緣岸谷：緣深山幽谷，故挑不出也。他者，藥山也。

問：如何是藥山家風？師曰：葉落不如初。

> 葉落不如初：言不如初秋也。葉落則不似葉繁時也。又云：不如未萌已前也。

問：法雷哮吼時如何？師曰：宇宙不曾震。曰：為甚麼不曾震？師曰：徧地娑婆，未嘗哮吼。曰：不哮吼底事如何？師曰：闔國無人知。

> 娑婆：婆娑相同也。

雲蓋景禪師法嗣

潭州雲蓋山證覺章

問：如何是一塵含法界？師曰：通身體不圓。曰：如何是九世剎那分？師曰：繁興不布彩。

九世剎那分：一念中有三世，每一世又具三世，故成九世也。
又一念一剎那，大小之差也。

繁興不布彩：山云：大用繁興也。大用繁興，無作也。彩者光
也。或云：不布彩，不作事也。彩者眾色也。或云：無飾心也。

問：如何是宗門中的的意？師曰：萬里胡僧，不入波瀾。

萬里胡僧，不入波瀾：與繁興不布彩之句同意也。

烏牙賓禪師法嗣

蘄州烏牙山行朗章

僧問：未作人身已前作甚麼來？師曰：海上石牛歌三拍，一條紅線掌間
分。

一條紅線掌間分：言傀儡牽絲之義也。海上石牛歌三拍處，便
是不異傀儡也。

青峯楚禪師法嗣

西川靈龕章

問：碌碌地時如何？師曰：試進一步看。

碌碌：轉轆轆，借音歟？或云：賤微貌。

房州開山懷晝章

問：有耳不臨清水洗，無心誰為白雲幽時如何？師曰：無木掛千金。曰：
掛後如何？師曰：杳杳人難辨。

有耳不臨清水洗，無心誰為白雲幽：言不洗清水而耳自淨，不
居白雲而心自幽也。

無木掛千金：私云：不用機智之謂也。《呂氏春秋》：秦孝公時，
商君佐之，欲變法。恐民未後，立木於城門，募有能徙，木者賞千
金。

問：如何是祖師西來意？師曰：月隱澄潭，金輝正午。

金輝正午：月沒而後，日正午也。

益州淨眾寺歸信章

僧問：蓮華未出水時如何？師曰：菡萏滿池流。

菡萏：禮部韻，芙蓉未發為菡萏。

問：不假浮囊，便登巨海時如何？師曰：紅嘴飛超三界外，綠毛也解道煎茶。

> 紅嘴飛超三界外，綠毛也解道煎茶：源云：紅嘴者鸚鵡也。解學人語。綠毛鳥名也亦解言煎茶也。東坡詩：倒挂綠毛幺鳳。注：公自序。詩人王昌齡夢中作梅華詩，南海有珍禽，名倒挂綠毛，如鸚鵡而小，惠州多梅華，故作此語。出《草堂詩注》。紅嘴超三界，今用處，不假戒行，度生死海也。鸚鵡現身往生因緣。見《通論》也。

問：如何是自在底人？師曰：劍樹霜林去便行。曰：如何是不自在底人？師曰：釋迦在闍黎後。

> 霜林：霜刀也。

宋太宗皇帝

一日幸相國寺。見僧看經，問曰：是甚麼經？僧曰：仁王經。帝曰：既是寡人經，因甚卻在卿手裏？僧無對。雪竇代云：皇天無親，唯德是輔。幸開寶塔，問僧：卿是甚人？對曰：塔主。帝曰：朕之塔為甚麼卿作主？僧無對。雪竇代曰：合國咸知。一日，因僧朝見，帝問：甚處來？對曰：廬山臥雲庵。帝曰：朕聞臥雲深處不朝天，為甚到此？僧無對。雪竇代云：難遙至化。僧入對次，奏曰：陛下還記得麼？帝曰：甚處相見來？奏曰：靈山一別，直至如今。帝曰：卿以何為驗？僧無對。雪竇代曰：貧道得得而來。京寺回祿，藏經悉為煨燼。僧欲乞宣賜，召問：昔日摩騰不燒，如今為甚卻燒？僧無對。雪竇代云：陛下不忘付囑。帝嘗夢神人報曰：請陛下發菩提心。因早朝宣問左右街，菩提心作麼生發？街無對。雪竇代云：實謂今古罕聞。智寂大師進三界圖，帝問：朕在那一界中？寂無對。保寧勇代曰：陛下何處不稱尊？一日朝罷，帝擎鉢問丞相王隨曰：既是大庾嶺頭提不起，為甚麼卻在朕手裏？隨無對。

徽宗皇帝

政和三年，嘉州巡捕官奏，本部路傍有大古樹，因風摧折，中有一僧禪定，鬚髮被體，指爪遶身。帝降旨，令肩輿入京，命西天總持三藏以金磬出其定。遂問：何代僧？曰：我乃東林遠法師之弟，名慧持，因遊峨嵋，入定

于樹。遠法師無恙否？藏曰：遠法師晉人也，化去七百年矣。持不復語。藏問：師既至此，欲歸何所？持曰：陳留縣。復入定。帝製三偈，令繪像頒行。偈曰：七百年來老古錐，定中消息許誰知。爭如隻履西歸去，生死何勞木作皮？藏山於澤亦藏身，天下無藏道可親。寄語莊周休擬議，樹中不是負趁人。有情身不是無情，彼此人人定裏身。會得菩提本無樹，不須辛苦問盧能。

孝宗皇帝

宣問靈隱佛照光禪師，曰：釋迦佛入山修道，六年而成，所成者何事？請師明說。對曰：將謂陛下忘卻。

未詳法嗣

實性大師、茶陵鬱山主、僧肇法師、禪月貫休禪師、先淨照禪師、公期和尚、唐朝因禪師、東山雲頂禪師、雲幽重惲禪師、布衲如禪師、投子通禪師、法海立禪師、天寧明禪師、仁王欽禪師、金陵鐵索山主、樓子和尚、神照本如法師、天竺證悟法師、本嵩律師、亡名古宿（二十八則）、亡名宰官（七則）、亡名行者（五則）。

禪月貫休章

有詩曰：禪客相逢祇彈指，此心能有幾人知。大隨和尚舉問曰：如何是此心？師無對。歸宗柔代云：能有幾人知。

　　禪客相逢祇彈指，此心能有幾人知：是三四句，其第一二句云：
　　紫旆檀塔六七級，紅蕉稻三四枚。見《高僧傳》。

福州東山雲頂章

泉州人。遺其氏。以再下春闈，往雲臺大吼寺剃髮具戒，云々。即謁大愚、芝神、鼎諲。後見羅漢下尊宿，始徹己事，道學有聞叢林，稱為頂三教。

　　春闈：選場也。下者，下第也。
　　野狐吞老鼠：言小小獸之能事也。

九龍觀道士并三士人，請上堂。儒門畫八卦，造契書，不救六道輪迴。道門朝九皇，鍊真氣，不達三祇劫數。我釋迦世尊，洞三祇劫數，救六道輪迴，以大願攝人天，如風輪持日月，以大智破生死，若劫火焚秋毫。入得我門者，自然轉變天地，幽察鬼神，使須彌、鐵圍、大地、大海入一毛孔中，一切

眾生，不覺不知。我說此法門，如虛空俱含萬象，一為無量，無量為一。若人得一，即萬事畢。珍重！

　　九龍觀：道士觀也。

　　道門朝九皇：道家於九天立九皇。

雙溪布衲如章

　　生緣行可規：行可規，一生之脩行，尤堪可為規矩也。

汝州天寧明章

　　改德士日，師登座謝恩畢，乃曰：木簡信手拈來，坐具乘時放下。雲散水流去，寂然天地空。即斂目而逝。

蜀中仁王欽章

　　僧問：如何是佛？師曰：聞名不如見面。曰：如何是祖師西來意？師曰：鬧市裏弄猢猻。曰：如何是道？曰：大蟲看水磨。

　　鬧市裏弄猢猻：千人萬人見。

　　大蟲看水磨：方語也。注云：覓起處必得，又云：為境所轉也。

神照本如法師和尚章

　　嘗以經王請益四明尊者。者震聲曰：汝名本如。師即領悟。作偈曰：處處逢歸路，頭頭達故鄉。本來成現事，何必待思量？

　　經王：《法華經》也。

臨安府上竺圓智證悟法師

　　台州林氏子，依白蓮偃法師，問具變之道。蓮指行燈曰：如此燈者，離性絕非，本自空寂，理則具矣。六凡四聖，所見不同，變則在焉。師不契，後因掃地誦《法華經》，至，知法常無性，佛種從緣起，始諭旨。告蓮，蓮然之。師領徒以來，嘗患本宗學者囿於名相，膠於筆錄，至以天台之傳為文字之學，南宗鄙之。乃謁護國此庵云禪師，夜語次，師舉東坡宿東林偈，且曰：也不易到此田地。庵曰：尚未見路徑，何言到耶？曰：祇如他道，溪聲便是廣長舌，山色豈非清淨身，若不到此田地，如何有這箇消息？庵曰：是門外漢耳。曰：和尚不吝，可為說破。庵曰：卻祇從這裏猛著精彩覷捕看。若覷捕得他破，則亦知本命元辰落著處。師通夕不寐，及曉鐘鳴，去其祕畜，以前偈別曰：東坡居士太饒舌，聲色關中欲透身。溪若是聲山是色，無山無水好愁人。特以告

此庵。庵曰：向汝道是門外漢。師禮謝。未幾，有化馬祖殿瓦者，求語發揚。師書曰：寄語江西老古錐，從教日炙與風吹。兒孫不是無料理，要見冰消瓦解時。此庵見之，笑曰：須是這闍黎始得。

本嵩律師

因無為居士楊傑請問：宣律師所講毘尼性體？師以偈答曰：情智何嘗異？犬吠蛇自行。終南的的意，日午打三更。

昔有一老宿

一夏不為師僧說話。有僧嘆曰：我祇恁麼空過一夏，不敢望和尚說佛法。得聞正因，兩字也得。老宿聞，乃曰：闍黎莫誓速。若論正因，一字也無。道了叩齒云：適來無端，不合與麼道。鄰壁有一老宿聞曰：好一釜羹，被一顆鼠糞污卻。雪竇代云：誰家釜裏無一兩顆。

誓：音西。声振也。一曰呻欸，謂何呻欸之頻速也？《事苑》三。

在經堂內不看經，每日打坐。藏主曰：何不看經？僧曰：某甲不識字。主曰：何不問人？僧近前，叉手鞠躬曰：這箇是甚麼字？主無對。大通本代云：人道不識。

住庵，於門上書心字，於窗上書心字，於壁上書心字。法眼云：門上但書門字，窗上但書窗字，壁上但書壁字。玄覺云：門上不要書門字，窗上不要書窗字，壁上不要書壁字。何故？字義炳然。

因僧問：魂兮歸去來，食我家園葚，如何是家園葚？玄覺代云：是亦食不得。法燈云：污卻你口。

魂兮歸去來，食我家園葚：寒山詩云：魂兮歸去來，食我家園葚，葚食荏反，《說文》桑寶。

昔有一老宿：因僧問：師子捉兔亦全其力，捉象亦全其力，未審全箇甚麼力？老宿曰：不欺之力。

捉象亦全其力：出《涅槃經》三十三。

曰：這一片田地分付來多時也，我立地待汝構去。法眼云：山僧如今坐地，待汝構去，還有道理也無？那箇親，那箇疏，試裁斷看。

構去：山云：構及也。得也。又云：汝見得此事分明也。

有僧與童子上經了，令持經著函內。童子曰：某甲念底，著向那裏。法燈代云：汝念甚麼經？

與童子上經：教他經也。或云：暗令誦經。又云：看經之時分

經與人，是曰上經。

江南相馮延巳

江南相馮延巳與數僧遊鐘山，至一人泉。問：一人泉許多人爭得足？一

僧對曰：不教欠少。延己不肯。乃別曰：誰人欠少。法眼別云：誰是不足者。

一人泉：鐘山境致之名。鐘山頂有一人泉，石窪處一拓計有水，

一人飲了而滿，故云。

昔有官人作《無鬼論》，中夜揮毫次，忽見一鬼出云：汝道無我，謼！五

祖演云：老僧當時若見，但以手作鵓鳩觜，向伊道：谷呱呱。

谷呱呱：調弄貌。

有一行者，隨法師入佛殿。行者向佛而唾。師曰：行者少去就，何以唾

佛？者曰：將無佛處來與某甲唾。師無對。溈山云：仁者卻不仁者，不仁者卻

仁者。仰山代法師云：但唾行者。又云：行者若有語，即向伊道，還我無行者

處來。

少去就：不知禮儀也。

鵓子趁鴿子，飛向佛殿欄干上顤。有人問僧，一切眾生，在佛影中常安

常樂，鴿子見佛為甚麼卻顤？僧無對。法燈代云：怕佛。

顤：動首貌。

昔有施主婦人入院，行眾僧隨年錢。僧曰：聖僧前著顤分。婦人曰：聖

僧年多少。僧無對。法眼代云：心期滿處即知。

隨年錢：隨年數與錢。言心相期處，即應其年數也。

石頭遷禪師法嗣〔註15〕

鄧州丹霞天然章

本習儒業，將入長安應舉方宿於逆旅，忽夢白光滿室，占者曰：解空之

祥也。偶禪者問曰：仁者何往？曰：選官去。禪者曰：選官何如選佛？曰：選

佛當往何所？禪者曰：今江西馬大師出世，是選佛之塲。仁者可往。遂直造

江西，纔見祖，師以手拓幞頭額。祖顧視良久，曰：南嶽石頭。

〔註15〕《五燈會元》在第五卷。

拓手榷物也：幞頭，周武帝〔註16〕所製，歲幅巾出四角。

是汝師也。遽抵石頭，還以前意投之。頭曰：著槽廠去。師禮謝，入行者房。

槽：則勞反。畜獸之食器也。

廠：齒兩反。屋無壁也。山云：春米之處。

訪龐居士，見女子靈照洗菜次，師曰：居士在否？女子放下菜籃，斂手而立。師又問：居士在否？女子提籃便行。師遂回。須臾居士歸，女子乃舉前話。士曰：丹霞在麼？女曰：去也。士曰：赤土塗牛嬭。

赤土塗牛嬭：方語，謾你老爺。此句ハ口傳アリ。

告門人曰：吾思林泉終老之所。時門人齊靜卜南陽丹霞山結庵，三年間玄學者至盈三百眾，建成大院。

時門人：《傳灯》云：時門人，令齊靜分卜云々。

不用經求落空去：經求者，經營求覓也。

夜裏暗雙陸，賽彩若為生：山云：夜間賭博，看彩不見。言無分曉也。

問僧：甚麼處宿？曰：山下宿。師曰：甚麼處喫飯？曰：山下喫飯。師曰：將飯與闍黎喫底人，還具眼也無？僧無對。長慶問保福，將飯與人喫，感恩有分，為甚麼不具眼？福云：施者受者，二俱瞎漢。慶云：盡其機來還成瞎不。福云：道某甲瞎得麼？玄覺徵云：且道長慶明丹霞意，為復自用家財？

將飯與人喫，報恩有分：或問：來見報恩，何故報恩有分乎？

答云：己与飯喫，必然受飯者。便〔註17〕可報恩者也。或受旦那施，三十年作牛〔註18〕耳者有之。

潭州大川章

江陵僧參，師問：幾時發足江陵？僧提起坐具。師曰：謝子遠來，下去。僧遶禪牀一匝，便出。師曰：若不恁麼，爭知眼目端的。僧拊掌曰：苦殺人，泊合錯判諸方。師曰：甚得禪宗道理。僧舉似丹霞，霞曰：於大川法道即得，我這裏不然。曰：未審此間作麼生？霞曰：猶較大川三步在。僧禮拜，霞曰：錯判諸方者多。洞山云：不是丹霞，難分玉石。

〔註16〕周武帝：字漫糊不清。
〔註17〕便：字漫糊不清。
〔註18〕牛：字漫漶不清，疑是。

較大川三步在：言不相及也。或云：言及得三步，未及六七步也。

潮州靈山大顛寶通章

初參石頭。頭問：那箇是汝心？師曰：見言語者是。頭便喝出。經旬日，師卻問：前者既不是，除此外何者是心？頭曰：除卻揚眉瞬目，將心來。師曰：無心可將來。頭曰：元來有心，何言無心？無心盡同謗。師於言下大悟。異日侍立次，頭問：汝是參禪僧，是州縣白蹋僧？師曰：是參禪僧。頭曰：何者是禪？師曰：揚眉瞬目。頭曰：除卻揚眉瞬目外，將你本來面目呈看。師曰：請和尚除卻揚眉瞬目外鑒。頭曰：我除竟。師曰：將呈了也。頭曰：汝既將呈我心如何？師曰：不異和尚。頭曰：不關汝事。師曰：本無物。頭曰：汝亦無物。師曰：既無物，即真物。頭曰：真物不可得，汝心見量意旨如此也。大須護持。云々。

> 白蹋僧：山云：是遊州獵縣，空空閑走之僧也。

韓文公一日相訪，問師：春秋多少？師提起數珠，曰：會麼？公曰：不會。師曰：晝夜一百八。公不曉，遂回。次日再來，至門前見首座，舉前話問：意旨如何？座扣齒三下。及見師，理前問師，亦扣齒三下？公曰：元來佛法無兩般。師曰：是何道理？公曰：適來問首座亦如是。師乃召首座，是汝如此對否？座曰：是。師便打趁出院。文公又一日白師曰：弟子軍州事繁，佛法省要處，乞師一語。師良久，公罔措。時三平為侍者，乃敲禪牀三下。師曰：作麼？平曰：先以定動，後以智拔。公乃曰：和尚門風高峻，弟子於侍者邊得箇入處。云々。

> 先以定動，後以智拔：《涅槃經》。

潭州長髭曠章

曹谿禮祖塔回，參石頭。頭問：甚麼處來？曰：嶺南來。頭曰：大庾嶺頭一鋪功德成就也未？師曰：成就久矣，祇欠點眼在。頭曰：莫要點眼麼？師曰：便請。頭乃垂下一足。師禮拜，頭曰：汝見箇甚麼道理便禮拜？師曰：據某甲所見，如紅爐上一點雪。玄覺云：且道長髭具眼祇對，不具眼祇對。若具眼，為甚麼請他點眼？若不具眼，又道成就久矣，具作麼生商量？法燈代云：和尚可謂眼昏。

> 一鋪功德成就也未：《傳燈》作一尊功德成就也未？山云：衲僧
> 本命元辰。或云：大庾嶺有開造佛之鋪者，假以為義。

僧參，遶禪床一匝，卓然而立。師曰：若是石頭法席，一點也用不著。僧又遶禪床一匝。師曰：卻是恁麼時，不易道箇來處。僧便出去。師乃喚，僧不顧。師曰：這漢猶少教詔在。僧卻回曰：有一人不從人得，不受教詔，不落階級，師還許麼？師曰：逢之不逢，逢必有事。僧乃退身三步，師卻遶禪床一匝。僧曰：不唯宗眼分明，亦乃師承有據。師乃打三棒。

　　箇來處：我來處也。指石頭。

　　教詔：詔者，誨也。

李行婆來，師乃問：憶得在絳州時事麼？婆曰：非師不委。師曰：多虛少實在。婆曰：有甚諱處？師曰：念你是女人，放你拄杖。婆曰：某甲終不見尊宿過。師曰：老僧過在甚麼處？婆曰：和尚無過，婆豈有過。師曰：無過底人作麼生？婆乃豎拳曰：與麼，總成顛倒。師曰：實無諱處。

　　不委：委者，曲也。

　　有甚諱處：言你諱不得了也。

鳳翔府法門寺佛陀章

尋常持一串數珠，念三種名號，曰：一釋迦，二元和，三佛陀，自餘是甚麼椀躂丘？乃過一珠，終而復始。事迹異常，時人莫測。

　　椀躂丘：山云：中國用木小條片，纏成椀器。方用漆結束，時
　久必損。損則成條片，乃底丘脫去了也。此言無用物也。

水空和尚，一日廊下見一僧，乃問：時中事作麼生？僧良久。師曰：祇恁便得麼？曰：頭上安頭。師打曰：去！去！已後惑亂人家男女在。

　　祇恁：カクノ如ナル事，トヨム好シ。

澧州大同濟章

切不得作道理主持。

　　主持：主宰也。

師一日見龐居士來，便掩卻門曰：多知老翁，莫與相見。士曰：獨坐獨語，過在阿誰。師便開門，纔出被士把住曰：師多知，我多知？師曰：多知且置，閉門開門，卷之與舒，相較幾許。士曰祇此一問：氣急殺人？師默然。士曰：弄巧成拙。

　　掩：衣檢反，覆也。

僧問：此箇法門，如何繼紹？師曰：冬寒夏熱，人自委知。曰：恁麼則蒙分付去也。師曰：頑嚚少智，勔臕多癡。

勔臕：人憨癡性也。上，彌克反，勉也。下，胡典反，肥也。

問：十二時中如何合道？師曰：汝還識十二時麼？曰：如何是十二時？師曰：子丑寅卯。僧禮拜。師示頌曰：十二時中那事別，子丑寅卯吾今說。若會唯心萬法空，釋迦、彌勒從茲決。

丹霞然禪師法嗣

京兆府翠微無學章

墚根：山云：停留之意。又云：行不進貌也。

米倉和尚章

村草步頭：泊舟處，曰步頭。

大川禪師法嗣

遷天章

僧參，纔展坐具，師曰：不用通時暄，還我文彩未生時道理來。曰：某甲有口，瘂卻即閑，苦死覓箇臘月扇子作麼？師拈棒作打勢。僧把住曰：還我未拈棒時道理。師曰：隨我者隨之南北，不隨我者死住東西。曰：隨與不隨且置，請師指出東西南北。師便打。

時暄：寒溫之禮也。

瘂卻：言有口瘂卻猶自可，尤苦苦死覓臘扇底。

披雲和尚來，纔入方丈，師便問：未見東越老人時，作麼生為物？雲曰：祇見雲生碧嶂，焉知月落寒潭。師曰：祇與麼也難得。曰：莫是未見時麼？師便喝。雲展兩手，師曰：錯怪人者有甚麼限？雲掩耳而出。師曰：死卻這漢平生也。

莫是未見時麼：《聯燈》作莫是未見東越老人時消息麼？

僧參，擬禮拜，師曰：野狐兒見甚麼了便禮拜？曰：老禿奴見甚麼了便恁麼問？師曰：苦哉！苦哉！僊天今日忘前失後。曰：要且得時，終不補失。師曰：爭不如此？曰：誰甘？師呵呵大笑曰：遠之遠矣。僧四顧便出。

爭不如此：言卻汝不補失也。

大顛通禪師法嗣

漳州三平義忠章

福州楊氏子。初參石鞏，鞏常張弓架箭接機。師詣法席，鞏曰：看箭！師乃撥開胸曰：此是殺人箭，活人箭？又作麼生？鞏彈弓弦三下，師乃禮拜。鞏曰：三十年張弓架箭，祇射得半箇聖人。遂拗折弓箭。後參大顛，舉前話。顛曰：既是活人箭，為甚麼向弓弦上辨？平無對。顛曰：三十年後，要人舉此話也難得。師問：大顛不用指東劃西，便請直指？顛曰：幽州江口石人蹲。師曰：猶是指東劃西。顛曰：若是鳳凰兒，不向那邊討。師作禮。顛曰：若不得後句，前話也難圓。師住三平。

> 幽州江口石人蹲：只是此處有石人轉動不得。

馬頰山本空章

上堂：祇這施為動轉，還合得本來祖翁麼？若合得，十二時中無虛棄底道理。若合不得，喫茶說話往往喚作茶話在。僧便問：如何免得不成茶話去？師曰：你識得口也未？曰：如何是口？師曰：兩片皮也不識。曰：如何是本來祖翁？師曰：大眾前不要牽爺恃孃。曰：大眾忻然去也。師曰：你試點大眾性看。僧作禮。師曰：伊往往道一性一切性在。僧欲進語，師曰：孤負平生行腳眼。問：去卻即今言句，請師直指本來性？師曰：你迷源來得多少時。曰：即今蒙和尚指示。師曰：若指示你我即迷源。曰：如何即是？師示頌曰：心是性體，性是心用。心性一如，誰別誰共。妄外迷源，祇者難洞。古今凡聖，如幻如夢。

> 祖翁，正位也：施令〔註19〕等偏位也。轉功付位也。轉功偏位也。付位正位也。

長髭曠禪師法嗣

潭州石室善道章

師曰：到即到，祇是不通號。髭曰：從誰受戒。師曰：不依他。髭曰：在彼即恁麼，來我這裏作麼生？師曰：不違背。髭曰：太切切生。師曰：舌頭未曾點著在。髭喝曰：沙彌出去。師便出。髭曰：爭得不遇於人？師尋值沙汰，乃作行者，居于石室。

> 切切：饒舌也。

〔註19〕令：字潦草難辨，疑是。

沙汰：會昌沙汰也。

每見僧，便豎起杖子曰：三世諸佛，盡由這箇。對者少得冥契。長沙聞，乃曰：我若見即令放下拄杖，別通箇消息。三聖將此語祇對，被師認破是長沙語。杏山聞三聖失機，乃親到石室。師見杏山，僧眾相隨，潛入碓坊碓米。杏曰：行者接待不易，貧道難消。師曰：開心椀子盛將來，無蓋盤子合取去。說甚麼難消？杏便休。

開心椀子：大口椀也。開心，《傳燈》作無心。

仰山問：佛之與道，相去幾何？師曰：道如展手，佛似握拳。曰：畢竟如何的當，可信可依？師以手撥空三下曰：無恁麼事，無恁麼事。曰：還假看教否？師曰：三乘十二分教是分外事。若與他作對，即是心境兩法，能所雙行，便有種種見解，亦是狂慧，未足為道。若不與他作對，一事也無。所以祖師道：本來無一物。汝不見小兒出胎時，可道我解看教，不解看教。當恁麼時，亦不知有佛性義，無佛性義。及至長大，便學種種知解出來，便道我能我解，不知總是客塵煩惱。十六行中，嬰兒行為最哆哆和和時，喻學道之人離分別取捨心，故讚歎嬰兒，可況喻取之。若謂嬰兒是道，今時人錯會。師一夕與仰山翫月，山問：這箇月尖時，圓相甚麼處去？圓時，尖相又甚麼處去？師曰：尖時圓相隱，圓時尖相在。雲巖云：尖時圓相在，圓時無尖相。道吾云：尖時亦不尖，圓時亦不圓。

翠微學禪師法嗣

鄂州清平山安樂院令遵章

問：如何是禪？師曰：獼猴上樹尾連顛。

連顛：尾動貌。

問：如何是有漏？師曰：笊籬。曰：如何是無漏？師曰：木杓。曰：覿面相呈時如何？師曰：分付與典座。

分付與典座：分付者，笊籬木杓也。

舒州投子山大同章

本州懷寧劉氏子。幼歲依洛下保唐滿禪師出家。初習安般觀，次閱華嚴教，發明性海。復謁翠微，頓悟宗旨。語見翠微章。

安般觀：數息觀也。

　　由是放意周遊，後旋故土，隱投子山，結茅而居。一日趙州和尚至桐城縣。師亦出山，途中相遇。乃逆而問曰：莫是投子山主麼？師曰：茶鹽錢布施我，州先歸菴中坐。師後攜一瓶油歸。州曰：久嚮投子及乎到來，祇見箇賣油翁。師曰：汝祇識賣油翁，且不識投子。州曰：如何是投子？師提起油瓶曰：油油。州問：大死底人卻活時如何？師曰：不許夜行投明須到。州曰：我早侯白伊更侯黑。

　　　　我早侯白伊更侯黑：或云：猶如藏頭白海頭黑之類也。黑者，
　　　暗裏有智慧之謂也。用處者，黑白共為盜人。其中黑者可恐也。洞
　　　山云：誰知蘿裏薑香，元是井中侯黑。侯白侯黑，二人共賊也。盜
　　　井中薑，一人在井中，一人在外。侯白欲捨侯黑去，侯黑先知，從
　　　井中出去也。

　　上堂：汝諸人來這裏，擬覓新鮮語句，攢華四六，圖口裏有可道。我老兒氣力稍劣，脣舌遲鈍，亦無閑言語與汝。汝若問我，便隨汝答，也無玄妙可及於汝。亦不教汝垜根，終不說向上向下，有佛有法，有凡有聖。亦不存坐繫縛。汝諸人變現千般，總是汝自生見解，擔帶將來自作自受。我這裏無可與汝，也無表無裏，說似諸人，有疑便問。僧問：表裏不收時如何？師曰：汝擬向這裏垜根。便下座。

　　　　不存坐繫縛：存坐者，大慧禪師所謂死獺㪟地一般也。

　　巨榮禪客參次，師曰：老僧未曾有一言半句挂諸方脣齒，何用要見老僧？榮曰：到這裏不施三拜，要且不甘。師曰：出家兒得恁麼沒碑記。榮乃遶禪牀一匝而去。師曰：有眼無耳朵，六月火過坐。

　　　　沒碑記：無定說也。又云：無分曉。不知禮數也。或云：難上
　　　碑文也。

　　問：一切聲是佛聲，是不？師曰：是。曰：和尚莫屎沸盌鳴聲。師便打。問：麁言及細語，皆歸第一義，是不？師曰：是。曰：喚和尚作頭驢，得麼？師便打。

　　　　頭驢：一頭之驢也。《聯燈》作一頭驢。

　　問：如何是末後一句？師曰：最初明不得。問：從苗辨地，因語識人，未審將何辨識？師曰：引不著。

　　　　引不著：不道苗語，但道辨識，故曰引不著。言無有引得底道
　　　理。

問：院中有三百人，還有不在數者也無？師曰：一百年前五十年後看取。

一百年前五十年後看取：言前底後底人，皆不在院裏〔註20〕三

百數。

問僧，久嚮踈山，薑頭，莫便是否？僧無對。法眼代云：嚮重和尚日久。

薑頭：此僧在踈山為薑頭歟？或云：踈山在投子為薑頭歟？

擔帶即玲竮辛苦。

玲竮：或作伶俜。孤獨貌。

問：歷落一句，請師道？師曰：好。

歷落：分明之謂也。

問：學人一問即和尚答，忽若千問萬問時如何？師曰：如鷄抱卵。

如鷄抱卵：山云：不曾違時失候也。稍違失便不出，當出殼時，

啐啄相應，子啐母便啄，破殼子得出。

問：如何是西來意？師曰：不諱。

不諱：言有甚所擇。燈云：不道之謂也。

問：師子是獸中之王，為甚麼被六塵吞？師曰：不作大，無人我。

師子被六塵吞：山云：經教中必有，不知何經？

不作大：大者，四大也。

安吉州道場山如訥章

問：如何是道人？師曰：行運無蹤跡，起坐絕人知。曰：如何即是？師

曰：三爐力盡無煙燄，萬頃平田水不流。

三爐力盡無煙燄：力盡，薪盡也。三字錯寫。疑是紅字。又云：

上中下爐鞲也。或云：三腳爐也。

建州白雲約章

僧問：不坐偏空堂，不居無學位？此人合向甚麼處安置？師曰：青天無

電影。

不坐偏空堂，不居無學位：共是小乘所證之理也。

棗山光仁章

師曰：負我且從大眾，何也？便歸方丈。

《傳燈》：不負我且從大眾，何也？

〔註20〕裏：字漫糊不清，疑是。

投子同禪師法嗣

福州牛頭微章

上堂：三世諸佛，用一點伎倆不得。天下老師口似匾擔，諸人作麼生？

　　　口似匾擔：山云：此開不得，不能言說也。

西川青城香山澄照章

僧問：諸佛有難，向火燄裏藏身，未審衲僧有難，向甚麼處藏身？師曰：水精甕裏著波斯。

　　　水精甕裏著波斯：源云：波斯國在海中，故曰如是。山云：多
　　少分明。又云：無道理，不可注解。方語也。注云：多少分明。

興元府中梁山遵古章

僧問：空劫無人能問法，即今有問法何安？師曰：大悲菩薩甕裏坐。

　　　大悲菩薩甕裏坐：只〔註21〕來度眾生之意。或云：有一點無明
　　之謂也。

問：如何是祖師西來意？師曰：道士擔漏巵。

　　　道士擔漏巵：方語也。注云：漏泄也。山云：漏巵，盛水不得
　　之器，空自辛苦也。

襄州谷隱章

僧問：如何是不觸白雲機？師曰：鶴帶鷃顏，浮生不棄。

　　　鶴帶鷃顏，浮生不棄：源云：鶴已作鷃面也。人豈不捨乎？或
　　云：異相故人愛之不棄也。

幽州盤山禪師（二世）

問：承教有言如化人煩惱如石女兒，此理如何？師曰：闍黎直如石女兒去。

　　　化人煩惱如石女兒：在《維摩經》。

東京觀音院巖俊章

嘗經鳳林深谷，欻覩珍寶發現，同侶相顧，意將取之。師曰：古人鋤園，觸黃金若瓦礫。待吾菅覆頂，須此供四方。僧言訖捨去。

　　　菅覆頂：他本，菅字下有第字。《傳燈》有第字。

〔註21〕只：字漫漶不清。

鳳翔府招福章

僧問：東牙烏牙皆出隊，和尚為甚麼不出隊？師曰：住持各不同，闍黎爭得怪。

> 東牙烏牙皆出隊：山云：俱寺名也。出隊，此勸化也。

思明禪師法嗣

襄州鷲嶺善本章

> 《傳燈》二十三。思明法嗣，帰靜禪師。一人載也。善本無也。